高等教育自学考试日语专业系列教材

日语视听说

张婉茹　编著

图书在版编目(CIP)数据

日语视听说/张婉茹编著. —北京：北京大学出版社，2009.7
（高等教育自学考试日语专业系列教材）
ISBN 978-7-301-15419-9

Ⅰ. 日… Ⅱ. 张… Ⅲ. 日语－听说教学－高等教育－自学考试－教材　Ⅳ. H369.9

中国版本图书馆 CIP 数据核字(2009)第 105188 号

书　　　　名：	日语视听说
著作责任者：	张婉茹　编著
责 任 编 辑：	兰　婷
标 准 书 号：	ISBN 978-7-301-15419-9/H·2276
出 版 发 行：	北京大学出版社
地　　　　址：	北京市海淀区成府路 205 号　100871
网　　　　址：	http://www.pup.cn
电　　　　话：	邮购部 62752015　发行部 62750672　编辑部 62767347　出版部 62754962
电 子 信 箱：	zbing@pup.pku.edu.cn
印　刷　者：	北京大学印刷厂
经　销　者：	新华书店
	787 毫米×1092 毫米　16 开本　11.5 印张　270 千字
	2009 年 7 月第 1 版　2011 年 7 月第 2 次印刷
定　　　　价：	28.00 元（附赠光盘）

未经许可，不得以任何方式复制或抄袭本书之部分或全部内容。
版权所有，侵权必究
举报电话：(010)62752024　电子信箱：fd@pup.pku.edu.cn

《高自考日语专业系列教材》总序

高等教育自学考试(简称"自考"或"高自考")是对自学者进行的以学历考试为主的高等教育国家考试，是个人自学、社会助学和国家考试相结合的高等教育形式，是我国社会主义高等教育体系的重要组成部分。其目的是通过国家考试促进广泛的个人自学和社会助学活动，推进在职专业教育和大学后继续教育，造就和选拔德才兼备的专门人才，提高全民族的思想道德、科学文化素质，适应社会主义现代化建设的需要。目前，高等教育自学考试已成为我国规模最大的开放式高等教育形式。

北京市于2006年开设了高等教育自学考试日语专业(本、专)，主考院校是北京大学。随着人才市场需求的变化，日语专业的考生每年都在迅速地增长，形势喜人。

为满足自考生的需求，在北京大学出版社的策划下，北京大学外国语学院日本语言文化系负责编写了这套《高等教育自学考试日语专业系列教材》，包括《实用日语：初级》、《实用日语：中级》、《实用日语：高级》、《日语视听说》、《日语会话》、《日本文学选读》、《日语写作》、《日语笔译》、《日语口译》、《日语语法教程》、《日本概况》等。这套教材的特点是重视实践，有利于应用型人才的培养。教材编写以北京大学外国语学院日本语言文化系的教师为主，同时还动员了一些兄弟院校的教师加盟这项工作，执笔者都是教学经验丰富的教师和教学骨干，欢迎广大考生和读者提出批评和修改意见。

衷心地祝愿高自考日语专业不断扩大，顺利健康地发展下去。

北京大学外国语学院日本语言文化系教授、博士生导师
北京市高自考日语专业委员　　　　　　　　　　彭广陆
2009年3月31日

前 言

　　本书作为北京大学出版社出版的高等教育自学考试日语专业系列教材中的视听说部分,今天与广大学习者见面了。本书选取现实生活中常见的对话,且尽可能多地囊括最新发生的事件及和广大学习者有密切关系的话题。同时兼顾以自学考试为目的的广大学习者的要求,采用了日语能力考试中问题问答的形式。

　　本书由16课组成。第1课作为预备听力,在使用本书之前让学习者有一个慢慢适应的过程,选用了相对较难的日本NHK新闻。其余15课均按平常我们日常身边的生活场景来进行编写。第1课内容虽难但问题设立的十分简单,目的是为了增加学习者的信心。在第2课至第16课当中,尽可能地选用了目前最流行的话题和最新的说法。内容新可以说是本书的一大特点。在本书的第2课至第16课中,每课都设立了一个中心话题,通过中心话题的听和理解,运用关联词汇达到说的目的,使学习者能够就课文中的话题展开更广泛的话题议论。希望使用本书的教师能够借助本书提供的关联词语,组织学生就某一话题展开更深入的会话。本书在编写过程中尽可能多地参考了同类教材,吸收了其他教材的优点,将其他教材中没有的大量的知识型的话题作为主要话题,比如日本房屋租赁的相关知识、日本大学中社团的知识,以及大学毕业生在求职面试时的注意事项,希望这些知识能够引起学习者的浓厚兴趣。

　　本书在编写过程中得到了北京工业大学日语教师大川原启子老

师、日本朋友西野贵裕和韩露女士的大力支持。本书的录音由国际广播电台的大泽庆子和日本朋友宫下匠规共同完成，在此一并表示感谢。

编 者
2009年5月22日于北京

目 次

第一課　耳慣らし練習 / 1
第二課　挨拶と自己PR / 14
第三課　日常生活 / 21
第四課　学校生活 / 25
第五課　料理 / 30
第六課　スポーツ / 35
第七課　部活動 / 40
第八課　病院・健康 / 44
第九課　交通・道案内 / 48
第十課　電話 / 52
第十一課　依頼 / 56
第十二課　仕事 / 59
第十三課　住宅 / 64
第十四課　人間関係 / 68
第十五課　議論 / 73
第十六課　就職と面接 / 76

录音原文

第一課　耳慣らし練習 / 83
第二課　挨拶と自己PR / 92
第三課　日常生活 / 97

第四課　学校生活 / 101
第五課　料理 / 106
第六課　スポーツ / 110
第七課　部活動 / 113
第八課　病院・健康 / 117
第九課　交通・道案内 / 122
第十課　電話 / 126
第十一課　依頼 / 130
第十二課　仕事 / 132
第十三課　住宅 / 137
第十四課　人間関係 / 142
第十五課　議論 / 146
第十六課　就職と面接 / 150
参考答案 / 155
参考文献 / 156

北京市高等教育自学考试课程考试大纲

第一課　耳慣らし練習
単語リスト

一、数字問題

1 使用語句

ぐんまけん
群馬県
せいよう
静養ホーム
すみだく
墨田区

せいかつほご
生活保護
としより
お年寄り
ゆうりょうろうじん
有料老人ホーム

【質問】有料老人ホームなどで生活している人は、何人ですか。

2 使用語句

こうせいろうどうしょう
厚生労働省
たいきじどう
待機児童

【質問】去年10月の全国の待機児童は何人ですか。

3 使用語句

ぜんこくきょうつう
全国共通

【質問】全国共通の電話番号は何番ですか。

4 使用語句

注目(ちゅうもく)　　　　　　　明(あき)らか
販売価格(はんばいかかく)

【質問】販売価格は日本円でいくらですか。

5 使用語句

三菱東京UFJ銀行(みつびしとうきょうUFJぎんこう)　　店舗(てんぽ)
景気(けいき)　　　　　　　　　削減(さくげん)
急激(きゅうげき)　　　　　　　現金自動預け払い機(げんきんじどうあずけはらいき)
悪化(あっか)　　　　　　　　　コーナー
収益力(しゅうえきりょく)　　　減(へ)らす
地域(ちいき)　　　　　　　　　合理化計画(ごうりかけいかく)
重(かさ)なる

【質問】今後ATMのコーナーを何か所以上減らしますか。

6 使用語句

地価上昇(ちかじょうしょう)　　平均価格(へいきんかかく)
調査地点(ちょうさちてん)　　　商業地(しょうぎょうち)
値下(ねさ)がり　　　　　　　　住宅地(じゅうたくち)
土地(とち)　　　　　　　　　　下落(げらく)

【質問】地価上昇の地点は全国で何か所ですか。

7 使用語句

3大都市圏(さんだいとしけん)　　仙台市(せんだいし)

値上がり(ねあ)　　　　　　　バブル崩壊後(ほうかいご)
福岡市(ふくおかし)　　　　　　連続(れんぞく)
転じ(てん)

【質問】商業地の地価はどのぐらい下がりましたか。

8 使用語句

PC12型機(がたき)　　　　　　失敗(しっぱい)
手前(てまえ)　　　　　　　　炎上(えんじょう)
着陸(ちゃくりく)

【質問】飛行機は空港から何メートルのところで着陸に失敗しましたか。

9 使用語句

下院(かいん)　　　　　　　　賞与(しょうよ)
公的支援(こうてきしえん)　　課税(かぜい)
世帯(せたい)　　　　　　　　法案(ほうあん)
従業員(じゅうぎょういん)　　可決(かけつ)

【質問】世帯年収が何万ドルになれば課税されるのですか。

10 使用語句

戒台寺(かいだいじ)　　　　　臥龍松(がりゅうまつ)
建立(こんりゅう)　　　　　　抱塔松(ほうとうまつ)
活動(かつどう)　　　　　　　九龍松(きゅうりゅうまつ)
揺すぶる(ゆ)　　　　　　　　自在松(じざいまつ)
揺れる(ゆ)

【質問】戒台寺は何年に建立されたのですか。

11 使用語句

内閣府（ないかくふ）　　　実施（じっし）
高齢期（こうれいき）　　　対象（たいしょう）
備え（そなえ）　　　　　　回答（かいとう）

【質問】5000人の中から何パーセントの何人から回答をえましたか。

12 使用語句

世論調査（せろんちょうさ）　　原則（げんそく）
意識（いしき）　　　　　　　　面接方式（めんせつほうしき）
把握（はあく）

【質問】1万人の中から何パーセントの何人から回答をえましたか。

13 使用語句

景気（けいき）　　　労働条件（ろうどうじょうけん）
雇用（こよう）　　　財政（ざいせい）

【質問】「国の財政」と挙げた人は何パーセントですか。

14 使用語句

経済産業省（けいざいさんぎょうしょう）　　下げ幅（さげはば）
鉱工業生産（こうこうぎょうせいさん）　　　過去最大（かこさいだい）
指数（しすう）　　　　　　　　　　　　　　マイナス

【質問】鉱工業生産は前の月を何パーセント下回りましたか。

二、カタカナ問題

次の中国語に相当する日本語のカタカナ語を書きなさい。

1 使用語句

夫婦間（ふうふかん）　　　　　　被害（ひがい）
暴力（ぼうりょく）

【中国語】夫妻等之间的暴力　　　カタカナ語：_____

2 使用語句

治安（ちあん）　　　　　　爆弾テロ（ばくだんテロ）
回復傾向（かいふくけいこう）　　相次ぎ（あいつぎ）
近郊（きんこう）　　　　　　死亡（しぼう）

【中国語】巴格达　　　　　　カタカナ語：_____

3 使用語句

成田空港（なりたくうこう）　　休息を取る（きゅうそくをとる）
欠航便（けっこうびん）　　　　夜を明かす（よるをあかす）
出発ロビー/出发候机大厅（しゅっぱつロビー）

【中国語】候机楼　　　　　　カタカナ語：_____

4 使用語句

新型車（しんがたしゃ）　　　　拡大（かくだい）

【中国語】（印度汽车）厂商塔塔汽车公司　　カタカナ語：_____

使用語句

進出 規模
目指す 当初
投資

【中国語】资金、基金　　　　カタカナ語：＿＿＿＿

 使用語句

装置 太陽光パネル
電源 自家発電
設置 賄い

【中国語】卡车　　　　　　　カタカナ語：＿＿＿＿
　　　　（太阳能）接收板　　カタカナ語：＿＿＿＿

 使用語句

会場 赤い悪魔
地球の温暖化防止 危険性
丸亀うちわ 環境保護
展示

【中国語】留言　　　　　　　カタカナ語：＿＿＿＿
　　　　美国设计师　　　　　カタカナ語：＿＿＿＿

第一課　耳慣らし練習

8　使用語句

大地震(おおじしん)　　　　　　　　　臥竜(がりゅう)パンダ保護(ほご)研究(けんきゅう)センター
直後(ちょくご)　　　　　　　　　　　8頭(はっとう)
盛(も)り上(あ)げる

【中国語】北京奥运会　　　　　　　カタカナ語：_____

9　使用語句

米保険大手(べいほけんおおて)　　　　報酬額上位(ほうしゅうがくじょうい)
巨額(きょがく)　　　　　　　　　　　返還(へんかん)
公的資金(こうてきしきん)　　　　　　応(おう)じた
高額(こうがく)のボーナス

【中国語】美国国际集团　　　　　　カタカナ語：_____

10　使用語句

賞与(しょうよ)　　　　　　　　　　意思(いし)
支給(しきゅう)　　　　　　　　　　報告(ほうこく)

【中国語】华尔街日报　　　　　　　カタカナ語：_____

三、地名と人名問題

次の地名や人名などの発音を書きなさい。

1　使用語句

渡島半島(おしまはんとう)　　　　　　道南(どうなん)

<ruby>突端<rt>とったん</rt></ruby>　　　　　　　　　　　　<ruby>松前三湊<rt>まつまえさんそう</rt></ruby>
<ruby>巴港<rt>ともえこう</rt></ruby>　　　　　　　　　　　　<ruby>開港後<rt>かいこうご</rt></ruby>
<ruby>恵<rt>めぐ</rt></ruby>まれ　　　　　　　　　　　　<ruby>連絡<rt>れんらく</rt></ruby>

【地名】函館市　　　　　　　　　発音：_____

2 使用語句

<ruby>内浦<rt>うちうら</rt></ruby>　　　　　　　　　　　　<ruby>胆振支庁<rt>いぶりしちょう</rt></ruby>
<ruby>絵鞆<rt>えとも</rt></ruby>　　　　　　　　　　　　<ruby>港湾<rt>こうわん</rt></ruby>
<ruby>良港<rt>りょうこう</rt></ruby>　　　　　　　　　　　　<ruby>鉄鋼業<rt>てっこうぎょう</rt></ruby>
<ruby>立地<rt>りっち</rt></ruby>　　　　　　　　　　　　<ruby>臨海工業<rt>りんかいこうぎょう</rt></ruby>

【地名】室蘭市　　　　　　　　　発音：_____

3 使用語句

<ruby>宮城県<rt>みやぎけん</rt></ruby>　　　　　　　　　　　<ruby>散在<rt>さんざい</rt></ruby>
<ruby>仙台湾<rt>せんだいわん</rt></ruby>　　　　　　　　　　　<ruby>総称<rt>そうしょう</rt></ruby>

【地名】松島　　　　　　　　　　発音：_____

4 使用語句

<ruby>札幌市<rt>さっぽろし</rt></ruby>　　　　　　　　　　　<ruby>国立大学<rt>こくりつだいがく</rt></ruby>

【機構名】北海道大学　　　　　　発音：_____

5 使用語句

<ruby>女児<rt>じょじ</rt></ruby>　　　　　　　　　　　　<ruby>通報<rt>つうほう</rt></ruby>
<ruby>転落<rt>てんらく</rt></ruby>

【地名】東京都江戸川区　　　　　発音：_____

第一課 耳慣らし練習

6 使用語句

都心(としん)　　　　　　　　難波(なんば)
東西(とうざい)　　　　　　　奈良(なら)
貫き(つらぬき)　　　　　　　阪神(はんしん)なんば線
神戸(こうべ)　　　　　　　　相互直通運転(そうごちょくつううんてん)
三宮(さんのみや)

【地名】大阪　　　　　　　　発音：＿＿＿＿＿＿

7 使用語句

今治市(いまちし)　　　　　　走行(そうこう)
センターライン/中间线、中长线　　トラック/卡车
はみ出(だ)す　　　　　　　　発見(はっけん)
時速(じそく)

【地名】愛媛県　　　　　　　発音：＿＿＿＿＿＿

8 使用語句

乗客(じょうきゃく)　　　　　南谷昌二郎(みなみこくしょうじろ)
経営陣(けいえいちん)　　　　垣内剛(かきうちたけし)
井手正敬(いでまさたか)

【地名】福知山　　　　　　　発音：＿＿＿＿＿＿

9 使用語句

監禁(かんきん)　　　　　　　現行犯逮捕(げんこうはんたいほ)

【地名】長崎県　　　　　　　発音：＿＿＿＿＿＿

10 使用語句

徳島城(とくしまじょう)

【地名】徳島県徳島市徳島町　　　　　　　　　発音：＿＿＿＿＿

11 使用語句

複合火山(ふくごうかざん)　　　　活火山(かつかざん)
円錐型(えんすいがた)

【山の名前】浅間山　　　　　　　　　　　　　発音：＿＿＿＿＿

12 使用語句

近畿地方(きんきちほう)　　　　　政権(せいけん)
平安京(へいあんきょう)　　　　　中枢(ちゅうすう)

【地名】京都市　　　　　　　　　　　　　　　発音：＿＿＿＿＿

13 使用語句

山火事(やまかじ)　　　　　　　　多数(たすう)
死傷者(ししょうしゃ)

【中国語の地名】澳大利亚维多利亚州　　　日本語の発音：＿＿＿＿＿

14 使用語句

アメリカ合衆国(がっしゅうこく)　　就任(しゅうにん)
大統領(だいとうりょう)

第一課　耳慣らし練習

【人名】巴拉克·奥巴马　　　　　　日本語の発音：＿＿＿＿＿

 使用語句

国土交通省（こくどこうつうしょう）　　追跡（ついせき）
航行中（こうこうちゅう）　　銃撃（じゅうげき）
自動車運搬船（じどうしゃうんぱんせん）　　怪我人（けがにん）
海賊（かいぞく）　　模様（もよう）
2隻（にせき）

【中国語の地名】索马里海域　　日本語の発音：
　　　　　　　　肯尼亚　　　日本語の発音：＿＿＿＿＿

16 使用語句

首相官邸（しゅしょうかんてい）　　田舎（いなか）
経済危機（けいざいきき）　　眉唾（まゆつば）
克服（こくふく）　　証券会社（しょうけんがいしゃ）
有識者会合（ゆうしきしゃかいごう）　　批判（ひはん）
株屋（かぶや）

【人名】麻生太郎　　　　発音：＿＿＿＿＿

 使用語句

早稲田大学（わせだだいがく）　　任務（にんむ）
講演（こうえん）　　担う（になう）
未来（みらい）　　種（たね）
開拓（かいたく）　　撒く（まく）

【人名】胡錦涛国家主席　　　　　　発音：_____

18 使用語句

ハイレベルフォーラム　　　　　対策(たいさく)
総会(そうかい)　　　　　　　　経済情勢(けいざいじょうせい)
世界金融危機(せかいきんゆうきき)

【人名】温家宝首相　　　　　　　　発音：_____

19 使用語句

閣議後(かくぎご)　　　　　　　　発言(はつげん)
長距離弾道ミサイル発射(ちょうきょりだんどうミサイルはっしゃ)　準備万全(じゅんびばんぜん)
ミサイル防衛(ほうえい)(MD)　　　　反論(はんろん)

【人名】浜田靖一　　　　　　　　　発音：_____

四、位置問題

聞いた数字を＿のところに埋めてください。

1 使用語句

低気圧(ていきあつ)　　　　　　　　小笠原近海(おがさわらきんかい)

【穴埋め】北緯_____　　東経_____　　東北東_____

2 使用語句

硫黄島 東(いおうじまひがし)　　　　予報円の半径(よほうえんはんけい)

【穴埋め】北緯____　　東経____　　東北東____

3 使用語句

中心気圧(ちゅうしんきあつ)　　　　予報円の半径(よほうえんはんけい)

【穴埋め】北緯____　　東経____　　東_____　　予報円の半径___

第二課　挨拶と自己PR
単語リスト

一、自己紹介（その一）

 使用語句

　　学科（がっか）　　　　　　　古典（こてん）
　　山中恵子（やまなかけいこ）　　体験（たいけん）

【質問】このクラブの名前は何ですか。
　　(1) 中国語学習クラブ
　　(2) 中国映画鑑賞クラブ
　　(3) 中華料理美食クラブ
　　(4) 中華文化体験クラブ

 関連語句

フランス語　　　イタリア語　　　ロシア語
韓国語（かんこくご）　タイ語　　　メキシコ語
ドイツ語　　　　スペイン語　　　ヒンディー語
英語（えいご）

二、自己紹介（その二）

1 使用語句

コロッケ/炸土豆饼
肉(にく)じゃが
醤油(しょうゆ)
しょっぱい
揚(あ)げる

失敗(しっぱい)
工夫(くふう)
チャレンジ/挑战、尝试
茶碗蒸(ちゃわんむ)し

【質問】山田さんが次に作る料理の名前は何ですか。

(1) 肉じゃが
(2) コロッケ
(3) いろいろな材料を揚げるもの
(4) 茶碗蒸し

2 関連語句

寿司(すし)
野菜(やさい)サラダ
ピザ/比萨饼
ステーキ/ 牛排
焼(や)きそば
お好(この)み焼(や)き
グラタン/ 奶油汁炖菜
ビーフシチュー/奶油炖牛肉

焼(や)き鳥(とり)
オムライス/ 蛋包饭
うな重(じゅう)
天(てん)ぷら
スープ/ 汤
カレーライス/咖喱饭
月見(つきみ)うどん

天丼(てんどん)
とんかつ
すき焼(や)き
ハンバーガ/汉堡
味噌汁(みそしる)

三、職業と名前

1 使用語句

サクラ商事（しょうじ）　　　　　中高年（ちゅうこうねん）
読書会（どくしょかい）　　　　　放り出される（ほうりだされる）
貿易会社（ぼうえきがいしゃ）　　普段（ふだん）
担当（たんとう）　　　　　　　　若白髪（わかしらが）
不況（ふきょう）　　　　　　　　素敵（すてき）
希望退職（きぼうたいしょく）　　巡り合える（めぐりあえる）
募る（つのる）

【質問】この人の参加目的は何ですか。

(1) 会社からもっと勉強しろうと言われたから

(2) 友達にぜひ参加してほしいから

(3) 素敵な彼女に巡り合いたいから

(4) はっきりとした目的はありません

2 関連語句

サラリーマン/工薪族　　　　公務員（こうむいん）　　　　弁護士（べんごし）
看護師（かんごし）　　　　　保育士（ほいくし）　　　　　警備員（けいびいん）
モデル/模特　　　　　　　　カメラマン/摄影师　　　　　運転手（うんてんしゅ）
シェフ/厨师　　　　　　　　デザイナー/设计师　　　　　販売員（はんばいいん）
通訳（つうやく）　　　　　　獣医（じゅうい）　　　　　　作家（さっか）
映画監督（えいがかんとく）　ジャーナリスト/新闻工作者
画家（がか）　　　　　　　　パイロット/飞行员
キャビンアテンダント/机舱客服

四、相手のことを紹介する

 使用語句

親友(しんゆう)　　　　　　　　経営学(けいえいがく)
同期(どうき)

【質問】この人の目的は何ですか。

(1) 課長の親友のことを褒めています。
(2) 親友を課長に紹介したかったのです。
(3) 自分の留学生活を課長に紹介したかったのです。
(4) 課長から部長に親友を紹介してもらいたかったのです。

2 関連語句

社会学学部(しゃかいがくがくぶ)　　理学部(りがくぶ)　　　　児童文学学部(じどうぶんがくがくぶ)
経済学部(けいざいがくぶ)　　　　心理学部(しんりがくぶ)　　医学部(いがくぶ)
法学部(ほうがくぶ)　　　　　　　人文社会科学学部(じんぶんしゃかいかがくがくぶ)　薬学部(やくがくぶ)　　工学部(こうがくぶ)

五、相手の特徴を紹介する

 使用語句

辞職(じしょく)　　　　　　　　ぼさぼさ
先輩(せんぱい)　　　　　　　　ふっくらする
メガネ/眼鏡

【質問】鈴木さんはどのような人ですか。

(1) 眼鏡をかけて、こけている人

(2) 真中から分けていて、ピカピカの髪形の人

(3) コンタクトにして、ほっそりした人

(4) 眼鏡をかけて、ふっくらした顔の人

帽子をかぶっている
丸坊主頭の人
ロング髪の人
ストレートの髪の人
目がつり上がっている人

ひげをはやしている人
ショート髪の人
パーマをかけた人
角ばった顔の人
丸顔の人

六、特徴の説明

1 使用語句

焦げちゃ　　　　　　　子猫

ふち

【質問】女の人の家の猫はどんな猫ですか。

(1) 目は黄色で足が4本とも白です。

(2) 体は黄色で、目は青です。

(3) 体は黄色と白で、目は青です。

(4) こげちゃで足は2本が白で、あとの2本が黄色いです。

黒　　　　　　白　　　　　　赤　　　　　　青

ピンク/粉色　　　水色(みずいろ)　　　紺(こん)　　　緑(みどり)
茶色(ちゃいろ)　　紫(むらさき)　　金色(きんいろ)　銀色(ぎんいろ)
オレンジ/橙色　　　　　　　　　　　ベージュ/米色、浅棕色

七、挨拶文

1 使用語句

名(な)ばかり　　　　　　　病気(びょうき)知らず
厳(きび)しい　　　　　　　足音(あしおと)

【質問】この人はどんなことに感謝していますか。

(1) 春になっても厳しい寒さがのこっていること
(2) 春になったこと
(3) 春の足音が聞こえてくること
(4) 家族がみんな元気なこと

2 関連語句

春(はる)　　　　夏(なつ)　　　秋(あき)　　　冬(ふゆ)
春夏秋冬(しゅんかしゅうとう)　雨(あめ)　　雪(ゆき)　　曇(くも)り
風(かぜ)　　　　霧(きり)　　　太陽(たいよう)　虹(にじ)
にわか雨(あめ)　　月(つき)　　星(ほし)

八、挨拶

1 使用語句

週末(しゅうまつ)　　　　　残念(ざんねん)

ハイキング/郊游

【質問】田中さんはどんなことに残念だったと言っていますか。

(1) 毎日暖かいこと
(2) 週末は雨がふること
(3) 子供は週末ハイキングに行くこと
(4) 来週も晴れにならないこと

2 関連語句

谷(たに)　　滝(たき)　　森(もり)　　温泉(おんせん)　　田圃(たんぼ)
海(うみ)　　火山(かざん)　　島(しま)　　砂浜(すなはま)　　キャンプ/野営、帐篷

第三課　日常生活
単語リスト

一、食事

1 使用語句

大根（だいこん）　　　　　唐揚げ（からあ）
味噌汁（みそしる）　　　　慌てる（あわてる）
鳥（とり）　　　　　　　　噛む（かむ）

【質問】今日のおかずは何ですか。

(1) 大根のスープです。

(2) 大根の味噌汁と鳥の唐揚です。

(3) 鳥の唐揚です。

(4) 鳥を揚げた味噌汁です。

2 関連語句

卵（たまご）　　豆腐（とうふ）　　チーズ/乳酪　　バター/黄油
お塩（しお）　　砂糖（さとう）　　お酢（す）　　　マヨネーズ/沙拉酱
胡椒（こしょう）味醂（みりん）

二、市場で（その一）

 使用語句

トマト/西红柿　　　　　　　　　　買（か）い得（どく）

リンゴ/苹果

【質問】女の人は何を買いましたか。

(1) トマト3つ

(2) りんご2つ

(3) トマト1つとりんご2つ

(4) なにも買いませんでした

2 関連語句

野菜（やさい）	レタス/生菜	キャベツ/圆白菜
チンゲンサイ/油菜	ジャガイモ/土豆	ピーマン/青椒
玉（たま）ねぎ	人参（にんじん）	ホウレンソウ/菠菜
ブロッコリ/西兰花	カリフラワー/菜花	シイタケ/香菇
フルーツ/水果	キウイ/猕猴桃	バナナ/香蕉
スイカ/西瓜	ココナツ/椰子	イチゴ/草莓
マンゴー/芒果	パパイヤ/木瓜	レモン/柠檬
サクランボ/樱桃	蜜柑（みかん）	梨（なし）
李（すもも）		

三、市場で（その二）

 使用語句

ぶり/鰤鱼　　　　　　　　　　お返（かえ）し

【質問】ぶりをどのぐらい買いましたか。

(1) 500グラムのぶりを買いました。

(2) 198円のぶりを買いました。

(3) 160円のぶりを買いました。

(4) 820円のぶりをかいました。

さかな	まぐろ	あゆ	あわび	ふな
魚	鮪	鮎	鮑	鮒
さめ	たこ	なまず	ふぐ	さけ
鮫	章魚	鯰	河豚	鮭
ます	たい	たら	こい	えび
鱒	鯛	鱈	鯉	蝦
かつお	うなぎ	くじら	かれい	
鰹	鰻	鯨	鰈	

四、レストランで

1 使用語句

カレー/咖喱　　　　　　　　ビーフカレー/牛肉咖喱

セット/成套、套餐　　　　　野菜(やさい)カレー/蔬菜咖喱

【質問】2人は何を頼みましたか。

(1) ビーフカレーと野菜カレー1つずつ

(2) ビーフカレー2つ

(3) 野菜カレー2つ

(4) 何も頼みませんでした

スプーン/汤匙　　　　フォーク/叉子　　　　フライパン/平底锅

ボール/盆　　　　　　　缶切(かん)り　　　　　　ナイフ/小刀
皿(さら)　　　　　　　　コップ/玻璃杯、酒杯　　栓(せん)抜(ぬ)き
コーヒーカップ/咖啡杯

五、贈り物

1 使用語句

コーヒーセット/成套的喝咖啡用具　　結婚式(けっこんしき)
最初(さいしょ)　　　　　　　　　　実用的(じつようてき)

【質問】2人はどうして贈り物をするのですか。

(1) 友達が結婚しているから
(2) 友達が大学入試に合格したから
(3) 友達の家で赤ちゃんが誕生したから
(4) 友達が退院したから

2 関連語句

ブラウス/女衬衫　　　　シャツ/衬衫　　　　ネックレス/项链
ブレスレット/手链　　　イヤリング/耳环　　スカーフ/丝巾
マフラー/围巾　　　　　ネクタイ/领带　　　スーツ/西服套装
ショルダーバッグ/手袋

第四課　学校生活
単語リスト

一、授業風景

1 使用語句

　出席（しゅっせき）を取（と）る　　　　隣（となり）
　教科書（きょうかしょ）

【質問】教科書を忘れた人は誰ですか。

　　(1) 田中さん
　　(2) 鈴木さん
　　(3) 高橋さん
　　(4) 山田さん

2 関連語句

　数学（すうがく）　　物理（ぶつり）　　生物（せいぶつ）　　社会（しゃかい）
　化学（かがく）　　世界史（せかいし）　　音楽（おんがく）　　体育（たいいく）
　美術（びじゅつ）　　書道（しょどう）

二、伝言

 使用語句

体育(たいいく)　　　　　　　　　ロッカー/储物柜、物品保管柜
数学(すうがく)　　　　　　　　　鍵(かぎ)
着替え(きが)

【質問】友達から先生に伝えたいのは何ですか。

(1) 数学だと思ったから、少し遅れていきます。

(2) まだ着替えていないから少し遅れていきます。

(3) ロッカーの鍵が見つからないから少し遅れていきます。

(4) 体育が好きではないから少し遅れていきます。

 関連語句

校長(こうちょう)　　　　教諭(きょうゆ)　　　　教頭(きょうとう)
教務課(きょうむか)　　　生徒指導課(せいとしどうか)　　　進路指導課(しんろしどうか)
保険厚生課(ほけんこうせいか)　　環境教育課(かんきょうきょういくか)　　施設課(しせつか)　　事務課(じむか)

三、不景気

 使用語句

就職活動(しゅうしょくかつどう)　　　　不景気(ふけいき)
人員削減(じんいんさくげん)　　　　　　大学院(だいがくいん)
募集(ぼしゅう)

【質問】この学生たちの専門はどんなことと関係があるのでしょうか。

(1) 音楽関係

(2) スポーツ関係

(3) 金融関係

(4) 文学関係

 関連語句

狂言（きょうげん）	文楽（ぶんらく）	華道（かどう）	茶道（さどう）
歌舞伎（かぶき）	能（のう）	映画鑑賞（えいがかんしょう）	三味線（しゃみせん）
尺八（しゃくはち）	音楽鑑賞（おんがくかんしょう）		

四、追試

 使用語句

追試（ついし）　　　　中間試験（ちゅうかんしけん）
期末試験（きまつしけん）　　理解（りかい）
範囲（はんい）

【質問】追試験はいつ行いますか。

(1) 今週の木曜日です。

(2) 来週の木曜日です。

(3) 再来週の木曜日です。

(4) いつ行うかまだわかりません。

大学入試センター（だいがくにゅうし）　　大学入試（だいがくにゅうし）　　偏差値（へんさち）　　倍率（ばいりつ）

大学入試ランキング　　大学入試科目　　　大学入試適性試験
国家公務員試験　　　　司法試験　　　　　公認会計士試験
司法書士試験　　　　　税理士試験　　　　医師国家試験
保健師国家試験　　　　薬剤師国家試験

五、ゼミの順番

1　使用語句

班長　　　　　　　　グループ/小组
日本経済　　　　　　鈴木
手を挙げる　　　　　橘
順番　　　　　　　　森

【質問】森田グループは何番の発表になりますか。

(1) 一番ではない。

(2) 二番です。

(3) 三番です。

(4) 最後です。

2　関連語句

履修科目　　履修単位　　選択科目　　必修科目
レポート/小论文　発表　　学士　　　修士
博士　　　　学位授与機構　教授　　準教授
講師　　　　非常勤教師

六、道を尋ねる

1 使用語句

学生課(がくせいか)　　　　　　申請(しんせい)
学割(がくわり)　　　　　　　　国際交流 係(こくさいこうりゅうがかり)

【質問】国際交流係はどこにありますか。

(1) 高いビルの裏の2階建の建物の一階にあります。

(2) 高いビルの裏の2階建の建物の二階にあります。

(3) 手前のビルにあります。

(4) 高いビルの中にあります。

2 関連語句

図書館(としょかん)　　講堂(こうどう)　　教学棟(きょうがくとう)　　研究室(けんきゅうしつ)
教務課(きょうむか)　　実験棟(じっけんとう)　　食堂(しょくどう)　　学生寮(がくせいりょう)
男子寮(だんしりょう)　　女子寮(じょしりょう)

第五課　料　理
単語リスト

一、酢豚

1 使用語句

酢豚(すぶた)　　　　　　　　　汁気(しるけ)を切る
もも肉(にく)　　　　　　　　　まぶす
玉(たま)ねぎ　　　　　　　　　一口大(ひとくちだい)
片栗粉(かたくりこ)　　　　　　カリッと
トマトケチャップ/番茄沙司　　　煮立(にた)つ

【質問】ケチャップをいつ入れますか。

(1) 一番最初に入れます。
(2) 肉と野菜を油で揚げてから入れます。
(3) 材料を全部煮立ったところで入れます。
(4) 炒めてお皿に入れてから入れます。

2 関連語句

料理方法(りょうりほうほう)　　煮(に)る　　焼(や)く　　蒸(む)す　　炒(いた)める
あぶる　　揚(あ)げる　　ゆでる　　和(あ)える

二、味噌汁

1 使用語句

焼(や)き魚(ざかな)　　　　　　　　　　お椀(わん)
だし　　　　　　　　　　　　盛(も)る
皮(かわ)をむく　　　　　　　　　　薬味(やくみ)
煮(に)える　　　　　　　　　　いり胡麻(ごま)
わかめ　　　　　　　　　　　材料(ざいりょう)
大匙(おおさじ)

【質問】味噌をいつ入れるのですか。

　(1) 一番最初に
　(2) 一番最後に
　(3) 材料が柔らかくなってから
　(4) 薬味をいれてから

2 関連語句

包丁(ほうちょう)　　　まな板(いた)　　　流(なが)し台(だい)　　蛇口(じゃぐち)
鍋(なべ)　　　　　冷蔵庫(れいぞうこ)　　　電子レンジ/微波炉
ご飯茶碗(はんぢゃわん)　　オーブン/烤炉、烤箱　　　　トースター/烤面包机

三、コマーシャル

1 使用語句

毒素(どくそ)　　　　　　　　　　排出(はいしゅつ)

リセットする/重新设置、调整　　　リフレッシュする/放松、恢复精神
デトックス/排毒　　　　　　　　健やか
不調　　　　　　　　　　　　　リバウンドする/反弹
やせ体質

【質問】これは何のコマーシャルですか。

　　(1) ジュースのコマーシャルです。
　　(2) スープのコマーシャルです。
　　(3) 腸を綺麗にするコマーシャルです。
　　(4) ダイエットのコマーシャルです。

2 関連語句

目　鼻　口　耳　頭　肩　腕
手のひら　手首　足　首　かかと　腰
背中　尻　つま先

四、料理教室

1 使用語句

目玉焼き　　　　　　　　　　　ハム/火腿
ホットサンドイッチ/热三明治　　挟む
1人暮らし　　　　　　　　　　 弱火
黄身　　　　　　　　　　　　　こんがり
半熟　　　　　　　　　　　　　溶ける
片面　　　　　　　　　　　　　栄養満点
外側

【質問】目玉焼きホットサンドイッチの使う材料はどれですか。

(1) 卵の黄身とパン

(2) チーズとバター

(3) ハムとチーズとバターとパンの耳

(4) 卵、パン、チーズ、バターとハム

2 関連語句

冷凍食品（れいとうしょくひん）　　カップラーメン/杯面
レトルト食品（しょくひん）/软罐头食品　　缶詰（かんづめ）
瓶詰（びんづめ）　　肉（にく）まん
お弁当（べんとう）　　お握り（にぎ）
ホットドッグ/热狗　　ミネラルウォーター/矿泉水

五、アップルジュース

1 使用語句

アップルジュース/苹果汁　　ブルーベリー/蓝莓
瓶（びん）に入っている　　ミント/薄荷
イチゴ/草莓

【質問】子供が友達のうちで飲んだのは何のジュースですか。

(1) りんごジュース

(2) イチゴジュース

(3) ブルーベリージュース

(4) ミントの葉のジュース

2 関連語句

コーラ/可乐
レモンティー/柠檬茶
紅茶(こうちゃ)
プーアル茶(ちゃ)/普洱茶
アイスクリーム/冰激凌
かき氷(ごおり)
パフェ/奶油冰激凌
和菓子(わがし)
洋菓子(ようがし)
ビスケット/饼干
板(いた)チョコ/块状巧克力
ガム/口香糖

オレンジジュース/橙汁
ウーロン茶(ちゃ)/乌龙茶
緑茶(りょくちゃ)
ジャスミン茶(ちゃ)/茉莉花茶
ケーキ/奶油蛋糕
プリン/布丁
お菓子(かし)
茶菓子(ちゃがし)
キャンディ/糖块儿
チョコレート/巧克力
ポテトチップス/薯片

第六課　スポーツ

単語リスト

一、プレー

1 使用語句

サッカー/足球　　　　　　　プレー/进行比赛、踢球
サイド/边锋　　　　　　　　川西(かわにし)サッカー場(じょう)
フォワード/前锋

【質問】田中さんは何をやってみたいのですか。

　　(1) サイド
　　(2) プレー
　　(3) フォワード
　　(4) サッカー

2 関連語句

サッカー用語(ようご)　　　　　　ゴール/足球的球门
ゴールネット/球门网　　　　　　ゴールライン/球门线
センター/中锋　　　　　　　　　ハーフ・バック/前卫
センター・ハーフ・バッグ/中卫　　バック/后卫
シュート/射门　　　　　　　　　ロング・シュート/远射

オフ・サイド(オーバーポスト)/越位　　ゴール・ボール/球门球
コーナー・ボール/角球　　　　　　　ペナルティー・キック/罚球
フリーキック/罚任意球

二、観戦

1 使用語句

チケット/票、入場券　　　　　興奮する
余る　　　　　　　　　　　　～ぱなし
巨人　　　　　　　　　　　　ヒット/棒球的安打、安全打
阪神

【質問】試合の結果はどうですか。

(1) 阪神が勝ちました。
(2) 巨人が勝ちました。
(3) 試合の結果は10対9でした。
(4) 試合がもっと楽しければいいのに。

2 関連語句

審判委員会　　　　　　　　　仲裁委員会
トーチ・リレー/火炬传递　　　授賞式
主催国(ホスト・カントリー)/东道国　選手権試合
サイクリング・ゲーム/循环赛　予選試合
準決勝　　　　　　　　　　　決勝(ファイナル)
ハーフ・タイム/中场休息　　　全種目優勝
第一位　　　　　第二位　　　第三位
世界記録　　　　　　　　　　記録更新

第六課　スポーツ

シード選手/种子选手　　　　　　　　応援団(おうえんだん)

三、野球

 使用語句

甲子園球場(こうしえんきゅうじょう)　　　　長崎県勢(ながさきけんぜい)
決勝戦(けっしょうせん)　　　　　　　　果(は)たす
出場(しゅつじょう)　　　　　　　　　東北勢(とうほくぜい)
長崎(ながさき)チーム　　　　　　　　紫紺(しこん)
初出場(はつしゅつじょう)　　　　　　　　福島(ふくしま)
岩手(いわて)　　　　　　　　　　目指(めざ)す
破(やぶ)る　　　　　　　　　　　逃(に)げ切(き)る

【質問】第81回の選抜戦はどこが勝ちましたか。

(1) 長崎チーム
(2) 岩手チーム
(3) 北海道チーム
(4) 福島チーム

② 関連語句

アメリカンフットボール/美式足球　　　バレーボール/排球
ラグビー/橄榄球　　　　　　　　　ハンドボール/手球
バドミントン/羽毛球　　　　　　　スノーボード/滑板滑雪
マラソン/马拉松　　　　　　　　　ソフトボール/垒球
シンクロナイズド·スイミング/花样游泳　ローラスケート/滑旱冰

四、大相撲

1 使用語句

大相撲春場所（おおずもうはるばしょ）	マーク/标志
連日（れんじつ）	初お目見え（はつおめみえ）
横綱戦（よこづなせん）	初日（しょにち）
取組前（とりくみまえ）	場内（じょうない）
懸賞旗（けんしょうはた）	参入（さんにゅう）
土俵（どひょう）	予定（よてい）
一周する（いっしゅうする）	ファン/（歌、影……）迷，拥护者
街角（まちかど）	来店（らいてん）
お馴染み（おなじみ）	世の中（よのなか）
マクドナルド	広報（こうほう）

【質問】日本マクドナルドのマークが大相撲の会場内に入った目的は何か。

(1) 世の中は元気がないから

(2) 「M」の文字を観衆に見せたいから

(3) 40代、50代の人々にも親しまれたいから

(4) 土俵の上を一周したいから

2 関連語句

番付（ばんづけ）	関取（せきとり）	幕内（まくうち）	十両（じゅうりょう）	大関（おおぜき）
関脇（せきわき）	小結（こむすび）	前頭（まえがしら）	三役（さんやく）	平幕（ひらまく）

五、卓球

1 使用語句

日本選手権(にほんせんしゅけん)
3連覇(さんれんぱ)
達成(たっせい)
平野早矢香(ひらのさやか)
新記録(しんきろく)
ベスト/最好
好調(こうちょう)

本番(ほんばん)
国際卓球連盟(こくさいたっきゅうれんめい)
世界ランク/世界排名(せかい)
トップ/第一、頂端、冠军
福原愛(ふくはらあい)
最上位(さいじょうい)

【質問】福原愛が日本選手としてこれまで一番高い世界ランクは何番ですか。

　　　(1) 19位
　　　(2) 29位
　　　(3) 31位
　　　(4) 32位

2 関連語句

シングル/単打　　ダブルス/双打　　団体(だんたい)
卓球台(たっきゅうだい)　　ラケット/球拍
5ゲーム制(せい)(3ゲーム先取(さきとり))/5局3胜
7ゲーム制(せい)(4ゲーム先取(さきとり))/7局4胜
シェークハンド/横握球拍　　ペンホルダ/直握球拍
裏(うら)ソフトラバー/正胶　　表(おもて)ソフトラバー/反胶

第七課　部活動
単語リスト

一、部活動とサークル

1 使用語句

サークル/兴趣活动、爱好小组	同一（どういつ）
アンケート調査（ちょうさ）/问卷调查	人間関係（にんげんかんけい）
結果（けっか）	欧米諸国（おうべいしょこく）
事業（じぎょう）	シーズン/季节
策定（さくてい）	所属（しょぞく）する
公益（こうえき）	競技（きょうぎ）
生徒会（せいとかい）	オーストラリア/澳大利亚
性質（せいしつ）	ニュージランド/新西兰
短期大学（たんきだいがく）	クラブチーム/俱乐部团体
呼称（こしょう）	オリンピック
略（りゃく）する	一流選手（いちりゅうせんしゅ）
繋（つな）がり	輩出（はいしゅつ）
飲（の）み会（かい）	プロ/专业的
コミュニケーション/沟通、交流	高度（こうど）な練習（れんしゅう）
重視（じゅうし）	特異（とくい）

【質問】日本の部活動と欧米のそれとどう区別されるのですか。
　　　　（1）日本では卒業まで同じ部活動を続けることが多いです。
　　　　（2）日本も、欧米も卒業まで学校で部活動を続けます。

(3) 日本ではシーズンごとに部活動を行うところが少なくありません。

(4) 欧米諸国や、ニュージーランドでは学校で行う以外に地域においても盛んに行われています。

 関連語句

音楽(おんがく)　　オペラ/歌剧　　クラシック/古典音乐

ジャズ/爵士乐　　ロック/摇滚乐　　ラップ/说唱音乐

ブルース/布鲁斯音乐　ポップス/通俗音乐　演歌(えんか)　歌謡曲(かようきょく)

二、演奏会

 使用語句

演奏会(えんそうかい)　　　　　　　トランペット/小号

クラリネット/単簧管　　　　　　パート/角色分工

サックス/萨克斯管　　　　　　　解散(かいさん)

【質問】みんなが何のために練習しているのですか。

(1) クラリネットの演奏会があるから

(2) 月末に演奏会があるから

(3) サックスのソロの特訓があるから

(4) 大学の講堂を借りたから

 関連語句

楽器(がっき)　　　　　　　　フルート/长笛

アコーディオン/手风琴　　　オルガン/风琴

エレクトーン/电子琴　　　　　　トロンボーン/长号
ビオラ/中提琴　　　　　　　　　チェロ/大提琴
バイオリン/小提琴　　　　　　　フレンチホルン/圆号
オーケストラ/交响乐

三、部活の練習時間

 使用語句

結構(けっこう)　　　　　　　　放課後(ほうかご)
みっちり　　　　　　　　　　　大概(たいがい)

【質問】この先輩はどの部に入っていますか。

(1) 結構練習をみっちりとするクラブに入っています。
(2) 一日の練習時間が2時間半で週に3日のクラブに入っています。
(3) 武道系のクラブに入っています。
(4) 昼休みにも30分の練習のあるクラブに入っています。

2 関連語句

性格(せいかく)　明るい(あかるい)　暗い(くらい)　面白い(おもしろい)　大人しい(おとなしい)
冷たい(つめたい)　静か(しずか)　親切(しんせつ)　まじめ　活発(かっぱつ)

四、部活動の種類

 使用語句

テニス/网球　　　　　　　　　　バスケットボール/篮球

第七課　部活動

ビーチバレー/沙滩排球　　　　　　水泳(すいえい)
剣道(けんどう)　　　　　　　　　登山(とざん)
柔道(じゅうどう)　　　　　　　　ヨット/赛艇
少林寺拳法(しょうりんじけんぽう)　サーフィン/冲浪

【質問】今、この大学にあるクラブはどれとどれですか。

(1) 水泳とビーチバレー

(2) ヨットと空手

(3) テニスとゴルフ

(4) 少林寺拳法とサーフィン

2 関連語句

出席(しゅっせき)　　欠席(けっせき)　　皆勤(かいきん)　　塾通い(じゅくかよい)
早引き(はやびき)　　遅刻(ちこく)　　　カンニング/作弊
抜き打ちテスト(ぬきうち)　習い事(ならいごと)　小テスト/小测验

第八課　病院・健康
単語リスト

一、頭痛

1 使用語句

計(はか)る　　　　　　　　食後(しょくご)
頭痛(ずつう)　　　　　　　1錠(いちじょう)
熱冷(ねつさ)まし

【質問】この患者さんはどこが悪いのですか。

(1) のどが痛いのです。
(2) 微熱はあったからです。
(3) 頭が痛くて、熱があるのです。
(4) 頭も、のども痛いのです。

2 関連語句

風邪(かぜ)をひく　　　　歯(は)が痛(いた)い　　　　背筋(せすじ)が寒(さむ)い
咳(せき)が出(で)る　　　熱(ねつ)がある　　　　　　鼻水(はなみず)が出(で)る
くしゃみが出(で)る　　　血圧(けつあつ)が高(たか)い　血糖値(けっとうち)が低(ひく)い
お腹(なか)が痛(いた)い

二、健康

 使用語句

疲れが取れない　　　　　　　　ストレッチ/伸展身体
目が冴える

【質問】この人は最近どうだと言っていましたか。

(1) 疲れ気味
(2) 夜の時間しか眠れない
(3) 最近ストレッチをやり始めた
(4) 2時まで眠れない

2 関連語句

吐き気がする　　　　眩暈がする　　　　寒気がする
食欲がない　　　　　喉がはれる　　　　胸やけがする
腰が痛い　　　　　　体温を測る　　　　お腹を壊す
頭がずきんずきんと痛む

三、病気の症状

 使用語句

食欲　　　　　　　　　　　報告書
食中毒　　　　　　　　　　書きあげる

【質問】この人はこれからどうしますか。

(1) 薬を飲んで休みます。
(2) 病院に行って、見てもらいます。

(3) 会社に戻って仕事をします。

(4) 報告書を提出してから、病院へ行きます。

2 関連語句

定期健康診断　　人間ドック/定期仔細体检　　検査内容

身体計測　　　　血液検査　　　　　　　　　視力検査

尿検査　　　　　肺機能検査　　　　　　　　便検査

胸部X線検査　　 心電図　　　　　　　　　 腹部超音波

早期発見

四、アドバイス

ニキビ/青春痘　　　　　　ハト麦/薏仁

元通り　　　　　　　　　 ぜんざい

きちんと　　　　　　　　 解熱作用

香辛料　　　　　　　　　 解毒作用

アレルギー/过敏　　　　　食材

絶対　　　　　　　　　　 アミノ酸/赖氨酸

就職活動　　　　　　　　 ビタミン/维生素

医食同源　　　　　　　　 鉄

緑豆　　　　　　　　　　 新陳代謝

【質問】医者の推薦した緑豆はどんな作用がありますか。

(1) 塗るとニキビが治る作用を持っています。

(2) アミノ酸を持っていて、体にいい作用を持っています。

(3) お粥としての作用を持っています。

(4) 解熱作用を持っています。

2 関連語句

乾燥肌（かんそうはだ）　敏感肌（びんかんはだ）　スキンケア/护肤
基礎化粧品（きそけしょうひん）　乳液（にゅうえき）　ファンデーション/粉底霜
睡眠（すいみん）をゆっくり取（と）る事（こと）
野菜（やさい）を豊富（ほうふ）に取（と）る事（こと）
お風呂（ふろ）にゆっくり入（はい）り、疲（つか）れを取（と）る事（こと）
紫外線（しがいせん）には気（き）を付（つ）ける事（こと）

五、マーサッジ

1 使用語句

受験（じゅけん）　　　　　　　　個室（こしつ）
肩（かた）が凝（こ）る　　　　　リラックス/放松
老舗（しにせ）　　　　　　　　　コース/套餐
マーサッジ師（し）/按摩师　　　 足裏（あしうら）

【質問】2人はどんなコースにしますか。

(1) 全身マーサッジにします。
(2) 全身+足裏にします。
(3) 60円のコースにします。
(4) 70円のコースにします。

2 関連語句

腕（うで）　　肘（ひじ）　　指（ゆび）　　親指（おやゆび）　　爪（つめ）
人差し指（ひとさしゆび）　中指（なかゆび）　薬指（くすりゆび）　背中（せなか）　太もも（ふともも）
足首（あしくび）　へそ　　背骨（せぼね）

第九課　交通・道案内
単語リスト

一、電車の乗り換え

1 使用語句

とうよこせん
東横線

しぶや
渋谷

やまのてせん
山手線

とっきゅう
特急

ホーム/站台

【質問】新宿までどう行けばいいですか。

(1) 東横線で行きます。

(2) 山手線で行きます。

(3) ここから12時15分の特急で乗り換えなしで行きます。

(4) まず東横線に乗って、それから渋谷で山の手線に乗れ換えていきます。

2 関連語句

じゆうせき	していせき	ふつうでんしゃ	きゅうこうでんしゃ
自由席	指定席	普通電車	急行電車
じょうしゃけん	とっきゅうけん	しゃ	しょくどうしゃ
乗車券	特急券	グリーン車	食堂車
きんえんしゃ	じゃくれいぼうしゃ	しはつでんしゃ	さいしゅうでんしゃ
禁煙車	弱冷房車	始発電車	最終電車

二、案内

1 使用語句

交番(こうばん)　　　　　　　　　コンビニ/便利店
信号(しんごう)　　　　　　　　　左手(ひだりて)
曲(ま)がる　　　　　　　　　　　行(い)き過(す)ぎ

【質問】郵便局はどこですか。

(1) ここから三つ目の信号を右に曲がってすぐです。

(2) ここから三つ目の信号を左に曲がってすぐです。

(3) ここから三つ目の信号を右に曲がって、50メートルのところにあります。

(4) 角のコンビニの横です。

2 関連語句

歩道橋(ほどうきょう)　地下道(ちかどう)　　　点字(てんじ)ブロック/盲道　　電柱(でんちゅう)
車道(しゃどう)　　　　歩行者天国(ほこうしゃてんこく)　駐車場(ちゅうしゃじょう)　商店街(しょうてんがい)
繁華街(はんかがい)　　ガソリンスタンド/加油站　　　　　　　　　　　横断歩道(おうだんほどう)
交差点(こうさてん)　　地下鉄(ちかてつ)の駅(えき)　バス停(てい)/汽车站

三、病院案内

1 使用語句

レントゲン写真(しゃしん)/X射线片　　　突(つ)き当(あ)たり
放射線室(ほうしゃせんしつ)　　　　　　看板(かんばん)
矢印(やじるし)

【質問】放射線室はどこにありますか。

(1) 二階の内科の突き当りです。

(2) 一階のつきあたりです。

(3) 矢印の突き当りです。

(4) 階段を上がって左手です。

2 関連語句

ないか 内科	かんぞうないか 肝臓内科	しんけいないか 神経内科	じんぞうないか 腎臓内科	けつえきないか 血液内科
げか 外科	しょうかきげか 消化器外科	しんぞうけっかんげか 心臓血管外科	せいけいげか 整形外科	しょうにか 小児科
がんか 眼科	さんふじんか 産婦人科	じびいんこうか 耳鼻咽喉科	ますいか 麻酔科	ろうねんないか 老年内科
ひふか 皮膚科	とうよういがくか 東洋医学科	いでんしんりょうか 遺伝診療科	リウマチ科/风湿科	

リハビリテーション科/康复科

四、花屋はどこにありますか

1 使用語句

あおやま
青山フラワー/青山鮮花店　　　わた
渡る

いっけん
1 軒

【質問】花屋はどこにありますか。

(1) 青山フラワーにあります。

(2) 信号の向こうにあります。

(3) どこにあるかわかりません。

(4) ちょっと行くとすぐです。

角　　　　　四つ角　　　　　まっすぐ　　　　向こう
ひだり　　　みぎ　　　　　なんけんめ　　　　ふみきり
左　　　　　右　　　　　　何軒目　　　　　　踏切
タバコ屋/香烟店　　　　　　　　　銀行

五、北京駅

1 使用語句

ちかてつ　　　　　　　　　　だいほくよう
地下鉄　　　　　　　　　　　大北窯
の　か
乗り換え

【質問】この人は何で行きますか。

(1) バスで行きます。
(2) 地下鉄で行きます。
(3) タクシーで行きます。
(4) 何で行くかはまだ決まっていません。

こうそくどうろ　　りょうきんしょ　　きゅうきゅうしゃ　　しょうぼうしゃ
高速道路　　　　　料金所　　　　　　救急車　　　　　　　消防車
バイク/自行车　　　ゴミ　　　　　　しゅうしゅうしゃ
　　　　　　　　　　　　　　　　　収集車/垃圾清运车
しんかんせん　　　ひこうき　　　　ふね　　　　　ジェーアール
新幹線　　　　　　飛行機　　　　　船　　　　　　ＪＲ/日本铁路的略称
リニアモーターカー/磁悬浮列车

第十課　電話

単語リスト

一、かけ直し

1 使用語句

<small>どうりょう</small>
同僚

<small>たかはし</small>
高橋

<small>るす</small>
留守

<small>おりかえ</small>
折返し

<small>なお</small>
かけ直し

<small>もど</small>
戻る

<small>あらた</small>
改めて

<small>あいだがら</small>
間柄

【質問】この人は田中一郎さんとどんな間柄ですか。

(1) 親しい友達

(2) 会社の同僚

(3) 田中一郎さんの上司

(4) 田中一郎さんの部下

2 関連語句

<small>しないでんわ</small>
市内電話

ダイヤル/电话的拨号盘

プッシュホン/按键式电话

コレクトクール/対方付費式電話

<small>こくさいでんわ</small>
国際電話

<small>がいせん</small>
外線

<small>じゅわき</small>
受話器

<small>ちょうきょりでんわ</small>
長距離電話

<small>ないせん</small>
内線

<small>こうかんしゅ</small>
交換手

二、電話をかける時のマナー

1 使用語句

規定（きてい）される　　　　用件（ようけん）
早朝（そうちょう）　　　　　受話器（じゅわき）
名乗（なの）る

【質問】電話をかける時、マナーとして最初に何を言わなければなりませんか。

(1)「わたくし、～ですが、いま、よろしいでしょうか」
(2)「すみません、いま、食事をしているのでしょうか」
(3)「では、失礼します」
(4)「では、またこちらからお電話をかけさせていただきます」

2 関連語句

マナーモード／礼貌模式（静音或关电源）
設定（せってい）する　　公共（こうきょう）の場所（ばしょ）　　優先席付近（ゆうせんせきふきん）
ペースメーカ／心脏起搏器　　　　データ通信（つうしん）／数据通讯
着（ちゃく）メロ／来电音乐　　　メールを送（おく）る／发短信
コンパクト／小巧、小型　　　　　ウォークマンケータイ／音乐手机

三、留守電のメッセージ

1 使用語句

コンサート／音乐会　　　　　　　無理（むり）

【質問】男の人はチケットを買う前に雪ちゃんの都合を聞きましたか。

(1) はい、聞きました。

(2) いいえ、聞きませんでした。

(3) 2人は相談して、日曜日に行くことに決めました。

(4) 男の人が勝手に土曜日のチケットを買いました。

2 関連語句

コンサートホール/音乐厅　　　映画館（えいがかん）　　美術館（びじゅつかん）

ギャラリー/画廊　　　　　　体育館（たいいくかん）　博物館（はくぶつかん）

図書館（としょかん）　　　　遊園地（ゆうえんち）　　水族館（すいぞくかん）

インターネットカフェ―/网吧

四、電話応対

1 使用語句

日本電子（にほんでんし）　　　　三浦（みうら）

山田（やまだ）　　　　　　　　　お詫び（おわび）

西山（にしやま）　　　　　　　　復唱（ふくしょう）

用件（ようけん）　　　　　　　　不可能（ふかのう）

承る（うけたまわる）

【質問】誰の都合が悪くなったのですか。

(1) 西山さん

(2) 山田さん

(3) お客さん

(4) 三浦さん

2 関連語句

	【自分側の人、物を言うとき】	【相手に対する敬意を表すとき】
自分	わたくし、当方(とうほう)、こちら	**様(さま)、そちら、おたくさま
会社(かいしゃ)	当社(とうしゃ)、弊社(へいしゃ)	貴社(きしゃ)、御社(おんしゃ)、そちらさま
団体(だんたい)	当会(とうかい)、本会(ほんかい)	貴協会(ききょうかい)、貴会(きかい)
訪問(ほうもん)	訪問(ほうもん)、お伺(うかが)い	ご来社(らいしゃ)、お越(こ)し
文書(ぶんしょ)	書面(しょめん)	ご書面(しょめん)
やりもらい	受領(じゅりょう)、拝受(はいじゅ)	お納(おさ)め、ご笑納(しょうのう)
考慮(こうりょ)	私見(しけん)	ご意見(いけん)
家族(かぞく)	家(いえ)の者(もの)、家族(かぞく)(一同(いちどう))	ご家族様(かぞくさま)、ご家族(かぞく)の皆様(みなさま)
主人(しゅじん)	夫(おっと)、主人(しゅじん)	ご主人(しゅじん)さま、旦那様(だんなさま)
奥(おく)さん	妻(つま)	奥様(おくさま)
子供(こども)	息子(むすこ)、子供(こども)、せがれ、娘(むすめ)	おぼっちゃま、息子(むすこ)さん、お嬢様(じょうさま)、娘(むすめ)さん

第十一課　依　頼

単語リスト

一、依頼状（メール）

 使用語句

平素(へいそ)　　　　　ケース／盒、箱
格別(かくべつ)　　　　納期(のうき)
引き立て(ひきたて)　　平成(へいせい)
早速(さっそく)　　　　支払(しはらい)
下記(かき)　　　　　　現金書留(げんきんかきとめ)
貴社(きしゃ)　　　　　取り急ぎ(とりいそぎ)
商品(しょうひん)　　　不明(ふめい)
見積書(みつもりしょ)　問い合わせる(といあわせる)
至急(しきゅう)　　　　依頼状(いらいじょう)
送付(そうふ)

【質問】この依頼状の目的は何ですか。

(1) 平素のお引き立てに対する感謝

(2) 見積もり書の請求

(3) 商品リストの発送

(4) 不明点についての質問

2 関連語句

価格差　　　オファー/报价　　　単価　　　　見積価格
公定価格　　マキシマム・プライス/最高价　　ベスト価格/最好的价格
インターナショナル・マーケティング・プライス/国际市场价
掛け引き/讨价还价　　　　仕入れ価格　　希望価格

二、請求書送付のお願い

1 使用語句

清栄　　　　　　　　　　　恐縮
納品　　　　　　　　　　　再来月
品代金　　　　　　　　　　その旨
請求書　　　　　　　　　　あらかじめ
到着　　　　　　　　　　　書状
調査　　　　　　　　　　　あしからず
末日　　　　　　　　　　　容赦
翌月

【質問】この依頼状の目的は何ですか。

(1) 品物の代金を請求するため

(2) 品物代金の請求書の催促

(3) 請求書が既に届いたので、それを知らないためのお詫び状

(4) 再来月代金支払いの通知

2 関連語句

税関　　　通関申告書　　　付加価値税　　　特許税

海上輸送(かいじょうゆそう)	航空輸送(こうくうゆそう)	レッテル(ラベル)/标签、吊牌	
分割積み込み(ぶんかつつみこみ)	総重量(そうじゅうりょう)	ネット・ウェート/净重	
保険賠償(ほけんばいしょう)	火災保険(かさいほけん)	規格品(きかくひん)	不良品(ふりょうひん)

第十二課　仕　事
単語リスト

一、原稿の確認

1 使用語句

原稿（げんこう）　　　　　左寄せ（ひだりよせ）
作成（さくせい）　　　　　締切（しめきり）
確認（かくにん）　　　　　先方（せんぽう）
日付（ひづけ）　　　　　　仕上げる（しあげる）

【質問】すぐに仕上げなければならない理由はどれか。

(1) 日付はもっと左寄せにしたいから
(2) 締切は5月20日だから
(3) 締切の前に先方に確認してもらいたかったから
(4) 先週JKC社から依頼されたから

2 関連語句

上司（じょうし）　　部下（ぶか）　　指示通り（しじどおり）　　資料（しりょう）
コピー/复印　　　　〜部（ぶ）　　　上旬（じょうじゅん）　　　中旬（ちゅうじゅん）
下旬（げじゅん）　　ミーティング/会议

二、アルバイト探し

1 使用語句

アルバイト/打工　　　　　　　　レジ/收银
店長(てんちょう)　　　　　　　　棚卸(たなおろし)

【質問】女子学生は店で働くことができますか。

(1) できます。
(2) できません。
(3) よるならできます。
(4) まだできるかどうかはわかりません。

2 関連語句

パートタイム/钟点工　　　　　　フルタイム/整班、全部时间
週末(しゅうまつ)　　　　　　　　平日(へいじつ)
ウェーター/男服务员　　　　　　ウェートレス/女服务员
残業(ざんぎょう)　　　　　　　　手当(てあて)
週休2日(しゅうきゅうふつか)　　お茶汲み(ちゃく)
コピー取り(と)/进行复印

三、悩み

1 使用語句

精神的(せいしんてき)　　　　　　メモをとる/记录下来、记笔记
肉体的(にくたいてき)　　　　　　手順書(てじゅんしょ)
新人(しんじん)　　　　　　　　　遠まわり(とお)

<ruby>前向<rt>まえむ</rt></ruby>き　　　　　　　　　　<ruby>実行<rt>じっこう</rt></ruby>
<ruby>反省<rt>はんせい</rt></ruby>　　　　　　　　　　<ruby>乗<rt>の</rt></ruby>り<ruby>越<rt>こ</rt></ruby>える
<ruby>観察<rt>かんさつ</rt></ruby>

【質問】先輩の推薦する役に立つ方法はどれですか。

(1) 自分なりに仕事の順序を整理して箇条書きのようなものを作る

(2) 「この次はこうしよう」と呟きながら仕事をする

(3) 先輩からアドバイスをもらう

(4) 先輩や同僚の仕事を観察する

2 関連語句

<ruby>会長<rt>かいちょう</rt></ruby>　　　　<ruby>社長<rt>しゃちょう</rt></ruby>　　　　<ruby>副社長<rt>ふくしゃちょう</rt></ruby>　　　　<ruby>取締役<rt>とりしまりやく</rt></ruby>
<ruby>常務取締役<rt>じょうむとりしまりやく</rt></ruby>　　<ruby>部長<rt>ぶちょう</rt></ruby>　　　　<ruby>部長代理<rt>ぶちょうだいり</rt></ruby>　　　<ruby>主任<rt>しゅにん</rt></ruby>
<ruby>課長<rt>かちょう</rt></ruby>　　　　<ruby>課長代理<rt>かちょうだいり</rt></ruby>　　<ruby>係長<rt>かかりちょう</rt></ruby>　　　　<ruby>副主任<rt>ふくしゅにん</rt></ruby>

四、能率

使用語句

<ruby>翌日<rt>よくじつ</rt></ruby>　　　　　　　　　　<ruby>歯<rt>は</rt></ruby>
ストレス/精神圧力　　　　　<ruby>磨<rt>みが</rt></ruby>く
たまる　　　　　　　　　　<ruby>靄<rt>もや</rt></ruby>
<ruby>布団<rt>ふとん</rt></ruby>　　　　　　　　　　<ruby>晴<rt>は</rt></ruby>れる
<ruby>敷<rt>し</rt></ruby>く

【質問】いい方法というのはなんですか。

(1) 家に帰って眠くなったらすぐ寝ること

(2) 寝る支度をしてからまた仕事をすること

（3）仕事を次の朝会社へ持っていて、会社でする

（4）やりたい事や目標に向かってのタスクを実行すること

 関連語句

| 本社(ほんしゃ) | 支社(ししゃ) | 本店(ほんてん) | 支店(してん) |

支社長(ししゃちょう)　　支店長(してんちょう)　　営業所(えいぎょうしょ)所長(しょちょう)

派遣社員(はけんしゃいん)　　チーフ/头目、主任　　リーダー/领导

五、自分のHPを作ってみませんか。

 使用語句

ノートパソコン/笔记本电脑　　　アピール/宣传、推销

実施機関(じっしきかん)　　　　購入(こうにゅう)する

アクセス/读取、链接　　　　　　人目(ひとめ)を引(ひ)く

申(もう)し込(こ)む　　　　　　個性的(こせいてき)

【質問】日本の大学生の中にどのぐらいの人がホームページを持っているのでしょうか。

(1) 100%

(2) 100%以上

(3) ほとんど

(4) わからない

 関連語句

インターネット/互联网　　　　Eメール/电子邮件

第十二課 仕　事

アットマーク/＠、花a　　　　ネットサーフィン/网上冲浪、上网
インストール/安装　　　　　　ダウンロード/下载
クリック/点击　　　　　　　　マウス/鼠标
マウスパッド/鼠标垫　　　　　取り外すハードウエア/移动硬盘

第十三課　住　宅

単語リスト

一、田中さんのうち

 使用語句

マンション/高级公寓　　　　　　　ユニットバス/整体浴室
家賃(やちん)　　　　　　　　　　通う(かよう)
間取り(まどり)

【質問】田中さんのうちはどんな家ですか。

(1) 桜マンションの十階で2DKのうちです。

(2) 10万円の家賃が払えば、あとは何も払わずでいい。

(3) ユニットバスで、トイレとお風呂が一緒のうち。

(4) 駅から歩いて5分のところにあるうちです。

 関連語句

アパート/普通公寓　　　　　　　　1戸建て(いっこだて)/独门独院建筑
分譲(ぶんじょう)マンション/按单元出售的高级公寓
家賃(やちん)/房租　　敷金(しききん)　　礼金(れいきん)
管理費(かんりひ)　　不動産屋(ふどうさんや)　　耐震構造(たいしんこうぞう)

二、日本の住宅

1 使用語句

留学生会館（りゅうがくせいかいかん）
下宿（げしゅく）
賃貸住宅（ちんたいじゅうたく）
公的賃貸住宅（こうてきちんたいじゅうたく）
民間賃貸住宅（みんかんちんたいじゅうたく）
貸与する（たいよする）
鉄筋造り（てっきんづくり）
木造モルタル／木结构沙浆的建筑（もくぞう）
造り（つくり）
設備（せつび）
集合住宅（しゅうごうじゅうたく）
遮音性（しゃおんせい）

プライバシー／隐私、个人秘密
管理人（かんりにん）
常駐（じょうちゅう）
駐車場（ちゅうしゃじょう）
購入（こうにゅう）
持家（もちいえ）
和洋折衷（わようせっちゅう）
物件（ぶっけん）
ウィンドウ／窗户
ダイニングルーム
リビングルーム
浴槽（よくそう）

【質問】ユニットバスはどういう意味ですか。

(1) 浴槽、トイレ、洗面所が一つの部屋にあることです。
(2) キッチンとリビングルームのことです。
(3) ダイニングルームのことです。
(4) 一体成形浴室のことです。

2 関連語句

庭付き（にわつき）
寝室（しんしつ）
ガレージ／车庫

玄関（げんかん）
廊下（ろうか）
浴室（よくしつ）

台所（だいどころ）
居間（いま）

洗面所（せんめんじょ）
ベランダ／阳台

三、セミナー

1 使用語句

家付(いえつ)き　　　　　　見合(みあ)う
ばばあ抜(ぬ)き　　　　　　同居(どうきょ)
志向(しこう)　　　　　　　借家(しゃくや)

【質問】日本人はどうして自分の家がほしいのですか。

(1) 借家より持ち家のほうが広い

(2) いい借家は家賃が高い

(3) 病気になって収入がなくなったときに、借家のほうが安心

(4) 年を取って収入がなくなったときに、持家のほうが安心

2 関連語句

福祉施設(ふくししせつ)　　齢者(れいしゃ)　　　シルバー/银发（老人）、银色
介護(かいご)　　　　　　老人施設(ろうじんしせつ)　養護老人(ようごろうじん)ホーム/养老院
福祉センター/福利中心　　　　　　　社会福祉(しゃかいふくし)
親孝行(おやこうこう)　　　　　　　援助制度(えんじょせいど)

四、守ってほしい

1 使用語句

本多(ほんだ)　　　　　　夜中(よなか)
居住者(きょじゅうしゃ)　　ペット/宠物
大量(たいりょう)　　　　小鳥(ことり)
洗濯(せんたく)　　　　　金魚(きんぎょ)

ミドリガメ/巴西亀、緑亀

【質問】本多さんのペットについて管理人はどういう態度を取っていますか。

(1) 飼ってもいい。

(2) 飼ってはいけません。

(3) 住宅の規則に書いていないので、迷っています。

(4) カメはペットであるかどうかわかりません。

2 関連語句

犬（いぬ）	猫（ねこ）	熱帯魚（ねったいぎょ）	世話（せわ）
散歩（さんぽ）	家具（かぐ）	匂い（におい）	めんどくさい
インコ/鸚鵡	文鳥（ぶんちょう）	ウサギ/兔子	金魚（きんぎょ）
蛇（へび）	カメ/亀	爬虫類（はちゅうるい）ハムスター/倉鼠	
九官鳥（きゅうかんちょう）獣医（じゅうい）			

第十四課　人間関係
単語リスト

一、恋愛

1 使用語句

遅(おく)れる　　　　　　　　道(みち)が混(こ)む

【質問】女の人の怒っている理由は何ですか。
(1) 電車が遅れたから
(2) 男の人が電車で来たから
(3) 男の人が昨日の約束通りにバスで来たから
(4) 男の人がバスで来たから

2 関連語句

バラ/玫瑰　　　　　　　　カーネーション/康乃馨
ボタン/牡丹　　　　　　　ヒマワリ/向日葵
ユリ/百合　　　　　　　　コスモス/波斯菊
アカシア/金合欢　　　　　アジサイ/绣球花
ラベンダー/薰衣草　　　　チューリップ/郁金香花

二、仕事

1 使用語句

約束の時間（やくそくのじかん）　　案内する（あんないする）

【質問】今何時ですか。

(1) 10時10分です。

(2) まだ10時になっていません。

(3) 10時10分まえです。

(4) 今何時か気にしていません。

2 関連語句

午前（ごぜん）　　午後（ごご）　　日程（にってい）

スケジュール/日程、时间表　　待ち合わせ（まちあわせ）　　約束（やくそく）

デート/约会　　待たせる（またせる）　　間に合う（まにあう）　　ぎりぎり

三、部長に叱られた

1 使用語句

高橋（たかはし）　　先輩（せんぱい）

あり得ない（ありえない）　　誤字（ごじ）

入社（にゅうしゃ）　　脱字（だつじ）

【質問】部長はなぜ怒ったのですか。

(1) 高橋さんの作ったプレゼン用のPPTはありません。

(2) 高橋さんの作ったプレゼン用のPPTは誤字や脱字があるからです。

(3) 高橋さんは入社のとき、PPTの作り方は先輩から習いませんでした。
(4) 高橋さんはあり得ないプレゼンテーションをしたから。

2 関連語句

プレゼンテーション/演示说明　　　　マイクロソフト/微软
パワーポイント/微软的幻灯软件、PPT　　ソフトウェア/软件
プロジェクター/投影仪　　　　　　　　スクリーン/屏幕
スライド/幻灯　　　　　　　　　　　　ファイル/文件夹
デザインテンプレート/预先设计好的模板　スライドマスタ/幻灯模板
フォントサイズ/字号　　　　　　　　　グラフ/表格
アニメーション/动画效果　　　　　　　画面を切り替える/切换画面

四、新入社員の悩み

1 使用語句

<small>とおる</small>
徹　　　　　　　　　　　　　　　<small>せったい</small>
　　　　　　　　　　　　　　　　接待
<small>にんげんかんけい</small>　　　　　　　<small>びみょう</small>
人間関係　　　　　　　　　　　　微妙
<small>いってき</small>　　　　　　　　　　　<small>しんねんかい</small>
一滴　　　　　　　　　　　　　　新年会
<small>ていど</small>　　　　　　　　　　　　<small>のかい</small>
程度　　　　　　　　　　　　　　飲み会
<small>かくご</small>　　　　　　　　　　　　<small>さいていげん</small>
覚悟する　　　　　　　　　　　　最低限
<small>じょうし</small>
上司　　　　　　　　　　　　　　つき合い
<small>かんげいかい</small>
歓迎会

【質問】徹さんの悩みは何ですか。
(1) お酒が飲めないことです。
(2) 上司が毎晩飲みに行くことです。

(3) もうすぐ新入社員の旅行があることです。

(4) 同僚から微妙だといわれたことです。

2 関連語句

日本酒（にほんしゅ）　　ビール/啤酒　　　ワイン/葡萄酒　　　焼酎（しょうちゅう）

ウイスキー/威士忌　　　　　　　カクテル/鶏尾酒　　二日酔い（ふつかよい）

無礼講（ぶれいこう）　　銚子（ちょうし）　　おちょこ

五、先生の返信

1 使用語句

智子（ともこ）　　　　　　偉い（えらい）
孤立（こりつ）　　　　　　勇気（ゆうき）
一昔前（ひとむかしまえ）　辛抱（しんぼう）
宗教絡み（しゅうきょうがらみ）

【質問】先生は智子さんにどんなことを勧めましたか。

(1) 宗教絡みの偉い先生に相談する。

(2) 自分で答えを出しなさい。

(3) インタネットという媒体に溶け込んください。

(4) 友達に何かをしてあげる。

2 関連語句

サポート/支持、支援　　　　カウンセラー/心理輔導員、生活顧問

インストラクター/指導員、輔導員

心理（しんり）クリニック/心理診室

面談カウンセリング/面对面的心理辅导
カウンセリング室/心理咨询室
セルフカウンセラー/自我心理调节
チャイルドカウンセラー/儿童心理辅导
緩和ケア/放松辅导　　　　　　メンタルケア心理士/心理干预师

第十五課　議　論
単語リスト

一、一番安いのはどれ？

 使用語句

早期割引(そうきわりびき)　　　　　　　　普通(ふつう)

【質問】2人はどんなことにしましたか。

(1) 3万円の飛行機で行く。
(2) 電車で行く。
(3) 早期割引の飛行機で行く。
(4) 安い電車で行く。

2 関連語句

新幹線(しんかんせん)　列車(れっしゃ)　　各駅停車(かくえきていしゃ)　時刻表(じこくひょう)　～時発(じはつ)
～時着(じちゃく)　アナウンス/广播　寝台車(しんだいしゃ)　出迎え(でむかえ)　見送り(みおくり)

二、相談

 使用語句

参観日(さんかんび)　　　　　　　　シフト/时间安排表

【質問】田中さんはいつ出勤することとなりましたか。

(1) 子供の参観日ではない日に出勤する。
(2) 明日の4時に出勤する。
(3) 金曜日に出勤する。
(4) シフト通りに出勤する。

しょうがっこう	ちゅうがっこう	こうこう	けいこごと	しゅうじ
小学校	中学校	高校	稽古事	習字
すいえい	けんどう	からて	さんすう	さくぶん
水泳	剣道	空手	算数	作文
くもんしき	てんさく	せいせき		
公文式	添削	成績		

三、コミュニケーション

1 使用語句

どうぶつ	とこ
動物	飛び込む
ふるいけ	はいく
古池	俳句
かわず	よかた
蛙	読み方

【質問】「蛙」は俳句の中でどう読みますか。

(1)「かえる」です。
(2)「かわず」です。
(3)「かんじ」です。
(4)「どうぶつ」です。

2 関連語句

わか	たんか	せんりゅう	まんようしゅう	はいじん
和歌	短歌	川柳	万葉集	俳人

松尾芭蕉（まつおばしょう）　　季語（きご）　　詩吟（しぎん）　　随筆（ずいひつ）
物語（ものがたり）　　小倉百人一首（おぐらひゃくにんいっしゅ）

四、言葉の意味

1 使用語句

ニート/啃老族、也缩写为NEET　　　怠ける（なまける）
頭文字（かしらもじ）　　　　　　　資格（しかく）
職業訓練（しょくぎょうくんれん）　内定（ないてい）
若者（わかもの）　　　　　　　　　新卒採用（しんそつさいよう）
専門家（せんもんか）　　　　　　　才能（さいのう）
裕福（ゆうふく）

【質問】「NEET」になった原因についてどう言っているのですか。

(1) 日本では15歳〜34歳までの若者が多いため、「ニート」になっている人が多いためです。

(2) 両親は働かせないためです。

(3) 若者は働くことに意味を見だせなくなったためです。

(4) 若者は働きたくないためです。

2 関連語句

職業（しょくぎょう）　大工（だいく）　美容師（びようし）　床屋（とこや）　肉屋（にくや）
魚屋（さかなや）　　　酒屋（さけや）　パン屋（ぱんや）　　八百屋（やおや）　販売員（はんばいいん）
車掌（しゃしょう）　　漁夫（ぎょふ）　農家（のうか）

第十六課　就職と面接

単語リスト

一、面接際の注意事項

1 使用語句

面接（めんせつ）
爽やか（さわやか）
緊張（きんちょう）
ボディーランゲージ/肢体语言
通訳（つうやく）

担当（たんとう）
スタッフ/工作人员
震える（ふるえる）
発揮（はっき）

【質問】面接のときどんなことが一番重要なのでしょうか。

(1) 絵をかくことです。
(2) ボディーランゲージを使うことです。
(3) 隣にいるスタッフに助けてもらうことです。
(4) 積極的に受け答えをし、明るく爽やかに面接官とコミュニケーションをとることです。

2 関連語句

登山（とざん）　釣り（つり）　ショッピング/购物　食べ歩き（たべあるき）
碁（ご）　将棋（しょうぎ）　トランプ/扑克牌
ボーリング/保龄球　ガーデニング/园艺
フラワーアレンジメント/鲜花装饰　撮影（さつえい）

二、集団面接

集団面接（しゅうだんめんせつ）　　積極性（せっきょくせい）
応募者（おうぼしゃ）　　　　　　協調性（きょうちょうせい）
数人（すうにん）　　　　　　　　ポイント
面接官（めんせつかん）　　　　　心がける（こころがける）
応募者同士（おうぼしゃどうし）　　謙虚（けんきょ）

【質問】個人面接と集団面接とはどう違いますか。

(1) 自己アピールができるのです。

(2) 個性のある答えができるのです。

(3) 面接官にとって応募者の比較ができ、評価しやすいのです。

(4) 謙虚にしゃべりやすいのです。

2 関連語句

ニコニコ笑（わら）う　　喜（よろこ）ぶ　　嬉（うれ）しい　　気持（きも）ちがいい
気楽（きらく）だ　　　　愉快（ゆかい）だ　楽（たの）しい　　気持（きも）ちがのびのびする
好（す）きだ　　　　　　好（この）む

三、面接前の準備

性質（せいしつ）　　　　　　　　会社名（かいしゃめい）
情報収集（じょうほうしゅうしゅう）　支店名（してんめい）
定期的（ていきてき）　　　　　　所在地（しょざいち）

資本金　　　　　　　　組織構成
規模　　　　　　　　　業務内容
沿革　　　　　　　　　製品情報
経営方針

【質問】先生の言っている企業情報の内容にないものはどれですか。

(1) 会社名と資本金
(2) 支店名と所在地
(3) 経営方針と組織構成
(4) 製品情報と社員人数

輸出入貿易　　　多角貿易　　　現金取引
営業許可書　　　輸出総額　　　無償援助
多国籍企業　　　契約書　　　　平等互恵
納期　　　　　　納品　　　　　立会検査
関税　　　　　　為替　　　　　株価

四、日系企業が望む人材

1 使用語句

日系企業　　　　　　　　人材
時の立つのは速いものです　　礼儀正しい
望む

【質問】日本ではどんな時に挨拶をするのですか。

(1) 学校にいる時
(2) 会社にいる時

(3) 家庭にいる時
(4) どこへ行っても挨拶をする

2 関連語句

お礼を言う　　　恐縮　　　　遺憾の意　　　　残念
詫びる　　　　　謝る　　　　お辞儀をする　　感謝する
謙遜する　　　　謙虚な態度

五、面接のマナー

1 使用語句

マナー/礼貌、規矩　　　　一切
気をつける　　　　　　　　アクセサリー/装飾品
身だしなみ　　　　　　　　香水
整える　　　　　　　　　　マニキュア/指甲油
合格　　　　　　　　　　　持ち物
第一歩　　　　　　　　　　会社案内
スーツ着用/穿着套装　　　　事前
基本　　　　　　　　　　　配布
ネクタイ/領帯　　　　　　　エントリーシート/報名表
締める　　　　　　　　　　履歴書
カラーリング/染发　　　　　メモ帳/記事本
禁止　　　　　　　　　　　筆記用具
清潔感

【質問】面接に持っていくものは何と何ですか。

(1) 香水とマニキュア
(2) 履歴書
(3) 会社案内、履歴書、メモ帳とペン
(4) メモ帳だけ

2 関連語句

ユニホーム/制服	正装(せいそう)	コート/外套
ミニスカート/短裙	スラックス/便装裤子	
ハンカチー/手帕	ヘア・ピン/头卡子	
口紅(くちべに) 指輪(ゆびわ)	腕輪(うでわ)	ペンダント/挂坠儿

录音原文

泉普觀文

第一課　耳慣らし練習

CDを聞いて耳慣らし練習をしましょう。
次の短文を聞いて、質問に答えてください。

一、数字問題

① 火災が起きた群馬県渋川市の「静養ホームたまゆら」では、東京・墨田区から生活保護を受けているお年寄りなどが生活していましたが、東京都がまとめたところ、都内で生活保護を受け、ほかの県の有料老人ホームなどで生活している人は、516人に上ることがわかりました。
【質問】有料老人ホームなどで生活している人は、何人ですか。

② 厚生労働省の調査では去年10月現在の全国の待機児童は前の年より3000人以上多い、4万184人に上っています。
【質問】去年10月の全国の待機児童は何人ですか。

③ 電話番号は全国共通で0120－150－855です。
【質問】全国共通の電話番号は何番ですか。

④ 注目されていた販売価格は最も安いケースで、およそ11万2000ルピーで、日本円で21万6000円になることが明らかになりました。
【質問】販売価格は日本円でいくらですか。

5. 「三菱東京UFJ銀行」は、景気が急激に悪化するなか、収益力を高めるため、今後3年間で、地域が重なっている店舗およそ50か所を削減するとともに、200か所以上のATM＝現金自動預け払い機のコーナーを減らす合理化計画をまとめました。
【質問】今後ATMのコーナーを何か所以上減らしますか。

6. 全国のおよそ2万8000か所のうち、地価が上昇した地点は、わずかに23地点にとどまって、ほぼすべての調査地点で値下がりし、全国の土地の平均価格は、商業地で4.7％、住宅地は3.2％下落しました。
【質問】地価上昇の地点は全国で何か所ですか。

7. 一方、3大都市圏以外では、これまで値上がりしていた仙台市や福岡市で地価が値下がりに転じ、平均では、商業地で4.2％、住宅地で2.8％それぞれ値下がりし、バブル崩壊後17年連続で下落が続いています。
【質問】商業地の地価はどのぐらい下がりましたか。

8. PC12型機が、空港のおよそ150メートル手前で着陸に失敗して炎上しました。
【質問】飛行機は空港から何メートルのところで着陸に失敗しましたか。

9. 下院は19日、50億ドル以上の公的支援を受けた企業で、世帯年収25万ドル（約2450万円）以上の従業員の賞与に90％課税する法案を可決。
【質問】世帯年収が何万ドルになれば課税されるのですか。

10. 戒台寺は622年に建立され、活動松（枝1本を揺すぶると全体が揺れる）・臥龍松・抱塔松・九龍松・自在松などがあり、松の木が有名なお寺です。
【質問】戒台寺は何年に建立されたのですか。

11. この調査は、内閣府が去年3月、65歳以上の高齢期を迎えるにあたって、ど

のような備えを行っているかを調べるため初めて実施しました。調査は55歳から64歳までの中高年の男女5000人が対象で、63％にあたる3140人から回答を得ました。

【質問】5000人の中から何パーセントの何人から回答を得ましたか。

12. この世論調査は、内閣府が社会に対する国民の意識を把握するために、原則、毎年行っており、ことしは1月から2月にかけて全国の20歳以上の男女1万人を対象に面接方式で行い、59％にあたる5890人から回答を得ました。

【質問】1万人の中から何パーセントの何人から回答をえましたか。

13. 逆に、悪い方向に向かっているものとして、「景気」をあげた人が69％と最も多く、「雇用・労働条件」が58％、「国の財政」が43％などの順で、「ない・わからない」は3％でした。

【質問】「国の財政」と挙げた人は何パーセントですか。

14. 経済産業省が発表した2月の鉱工業生産は、平成17年を100とした指数で68.7となり、前の月を9.4％下回りました。下げ幅は過去最大だった1月からは縮小しましたが、5か月連続でマイナスとなりました。

【質問】鉱工業生産は前の月を何パーセント下回りましたか。

二、カタカナ問題

次の中国語に相当する日本語のカタカタ語を書きなさい。

1. 内閣府が行った調査によりますと、夫婦間などでの暴力＝ドメスティックバイオレンスの被害を受けたことがあると答えた人は、女性で33％、男性で28％となっています。

夫妻之間的暴力　　　　　　ドメスティックバイオレンス

② 治安が回復傾向にあるイラクの首都バグダッドの近郊で、23日午後、2件の爆弾テロが相次ぎ、少なくとも34人が死亡、70人がけがをしました。

巴格达　　　　　　　　　　バグダッド

③ 成田空港のターミナルビルでは、欠航便が相次いだ影響で、およそ600人の乗客が空港の出発ロビーのベンチなどで休息を取り、夜を明かしました。

候机楼　　　　　　　　　　ターミナルビル

④ インドの自動車メーカー「タタ・モーターズ」は、日本円で22万円を切る世界で最も安い新型車を来月から販売する計画を明らかにしました。インド以外にもこの車の販路を拡大していくとしています。

(印度汽车)厂商塔塔汽车公司　メーカー「タタ・モーターズ」

⑤ アジアに進出を目指す日本企業に投資するファンドを作る計画で、ファンドの規模は、当初は300億円程度を予定しています。

资金、基金　　　　　　　　ファンド

⑥ この装置は1日当たり10トン、2000人分の水をつくり出すことができ、電源はトラックに設置した太陽パネルや自家発電で賄います。

卡车　　　　　　　　　　　トラック
(太阳能)接收板　　　　　　パネル

⑦ 会場には日本をはじめ世界22か国のデザイナーやタイの学生が地球の温暖化防止のメッセージを込めて描いた丸亀うちわ270点が展示されています。この中には、温暖化を赤い悪魔にたとえたアメリカ人デザイナーの作品などさまざまな表現方法で温暖化の危険性や環境保護を訴えた作品があります。

留言　　　　　　　　　　　メッセージ
美国设计师　　　　　　　　アメリカ人デザイナー

8 去年5月に起きた四川大地震の直後に北京オリンピックを盛り上げるため、四川省の臥竜パンダ保護研究センターから北京動物園に送られた8頭です。

北京奥运会　　　　　　　　ぺきんオリンピック

9 米保険大手アメリカン・インターナショナル・グループ（AIG）が巨額の公的資金を受けながら社員に高額のボーナスを支払っていた問題で、報酬額上位20人のうち15人がボーナス返還に応じたと伝えた。

美国国际集团　　　　　　　アメリカン・インターナショナル・グループ

10 ウォールストリート・ジャーナルによると、1億6500万ドル（約160億円）の賞与を400人余りに支給したAIGは、社員に対して23日夕方までに返還の意思を報告するよう求めた。

华尔街日报　　　　　　　　ウォールストリート・ジャーナル

三、地名と人名問題

次の地名や人名などの発音を書きなさい。

1 函館市は、渡島半島の突端にある道南最大の都市で、その形から巴港とも呼ばれる天然の地形に恵まれて松前三湊の一つに数えられ、幕末の開港後は貿易港として、また、本土との連絡拠点として発展してきました。

函館市　　　　　　　　　　はこだてし

2 室蘭市は、内浦（噴火）湾の東端の絵鞆半島に抱かれた天然の良港に立地する胆振支庁の支庁所在地で、港湾と鉄鋼業で発展した臨海工業都市です。

室蘭市　　　　　　　　　　むろらんし

3. 松島は、宮城県中部、仙台湾の支湾松島湾の沿岸部および松島湾に散在する島々の総称です。

   松島　　　　　　　　　まつしま

4. 北海道大学は、北海道札幌市北区北8条西5丁目に本部を置く日本の国立大学である。

   北海道大学　　　　　　ほっかいどうだいがく

5. 東京都江戸川区のマンション7階から女児が転落したと、東京消防庁に通報があった。

   東京都江戸川区　　　　とうきょうとえどがわく

6. 大阪の都心を東西に貫き神戸・三宮と難波、奈良を結ぶ「阪神なんば線」が20日開業し、阪神電気鉄道と近畿日本鉄道の相互直通運転がスタートした。

   大阪　　　　　　　　　おおさか

7. 愛媛県今治市内の国道317号で、瀬戸内運輸（今治市）の路線バスがセンターラインをはみ出した状態で時速4キロ程度で走行しているのを、対向してきた軽トラックの運転手の70歳の男性が発見。

   愛媛県　　　　　　　　えひめけん

8. 2005年4月に発生し乗客106人が死亡したJR福知山線脱線事故で、事故当時のJR西日本の経営陣である井手正敬元相談役・南谷昌二郎顧問・垣内剛顧問の3人が、事故の遺族らから、業務上過失致死傷罪で神戸地検に告訴されていたことが発覚。

   福知山　　　　　　　　ふくちやま

9. 長崎県警長崎市在住の小学校6年生の12歳の女子児童を連れ去り、自宅

第一課　耳慣らし練習

に2日間に亘り監禁したとして、同市在住の35歳の男性を未成年者略取と監禁の両容疑で現行犯逮捕。
　　長崎県　　　　　　　　　　ながさきけん

⑩　徳島城は、徳島県徳島市徳島町にあった城。
　　徳島県徳島市徳島町　　　とくしまけんとくしましとくほちょう

⑪　浅間山は、群馬県吾妻郡嬬恋村と長野県北佐久郡軽井沢町及び御代田町の境にある安山岩質の複合火山。円錐型をしている。標高2,568m。世界でも有数の活火山として知られる。
　　浅間山　　　　　　　　　　あさまやま

⑫　京都市は、近畿地方の中部、京都府南部（山城地方）の都市で、同府の府庁所在地でもある。平安時代の首都である平安京が置かれた都市で、平安時代や室町時代は名実共に首都として、政権の中枢が置かれた。
　　京都市　　　　　　　　　　きょうとし

⑬　オーストラリアのビクトリア州で山火事が相次いで発生。死傷者多数。
　　オーストラリアのビクトリア州

⑭　バラク・オバマが第44代アメリカ合衆国大統領に就任。
　　バラク・オバマ

⑮　国土交通省は、ソマリア沖をケニアに向け航行中の自動車運搬船（商船三井所属）が、海賊と見られる2隻の小型船に追跡され銃撃されたと発表。怪我人はいない模様。
　　ソマリア沖、ケニア

⑯　麻生太郎首相は、21日に首相官邸で開かれた「経済危機克服のための有

識者会合」で、「株屋は信用されていない」、「株をしていると言えば、田舎では眉唾に見られるところがある」などと述べた。証券会社批判と受け取る声も。
麻生太郎　　　　　　　　あそうたろう

17　中国の胡錦涛国家主席は8日、日本の東京の早稲田大学で重要な講演を行いました。胡錦涛国家主席は、「中日友好は、両国人民の共同の事業である。両国の青年は中日友好を進める新しい力となり、その未来を開拓する任務を担っている。双方の共同の努力を通じて、中日友好の種を広く撒き、中日友好を世代から世代へ伝えていくよう希望する」と語りました。
胡錦涛国家主席　　　　　こきんとうこっかしゅせき

18　温家宝首相は23日、中国発展ハイレベルフォーラムの年次総会に出席する外国人代表と人民大会堂で面会し、中国の世界金融危機対策を中心に、世界の経済情勢に関する意見や提案を聞き、質問に答えた。
温家宝首相　　　　　　　おんかほうしゅしょう

19　浜田靖一防衛相は24日午前、閣議後の記者会見で、北朝鮮の長距離弾道ミサイル発射に対し、政府筋がミサイル防衛（MD）システムによる迎撃で「当たるわけがない」と発言したことについて、「われわれは準備が万全になるよう努力しているので、そのように考えていない」と反論した。
浜田靖一　　　　　　　　はまだやすかず

四、位置問題

聞いた数字を＿＿＿＿のところに埋めてください。

1　台風 第22号 から変わった 低気圧

12月18日21時現在

小笠原近海　　北緯24.0°　　　東経142.0°　　　東北東時速 45 km/h

中心気圧 1008 hPa

北緯24.0°　　　東経142.0°　東北東 45 km/h

② 予報19日6時

低気圧

硫黄島東 180 km

北緯24.6°　　　東経143.1°　　　　　　　　東北東時速 25 km/h

中心気圧 1008 hPa

予報円の半径 90 km

北緯24.6°　　　　　東経143.1°　　　　　東北東 25 km/h

③ 予報19日18時

低気圧

小笠原近海

北緯24.8°　　　　　東経145.2°　　　　　東時速 20 km/h

中心気圧 1010 hPa

予報円の半径 160 km

北緯24.8°　　　　　東経145.2°　　　　　東 20 km/h

予報円の半径 160 km

第二課　挨拶と自己PR

一、自己紹介（その一）

　　はじめまして、昭和大学外国語学部中国語学科の1年生の山中恵子です。小さい時から中国文化がすきなので、ぜひ中国語で中国の古典を読んでみたいと思って、中国語学科を希望しました。このクラブで中国文化、中国映画、中国料理などいろいろと体験をしてみたいと考えています。どうぞ、よろしくお願いいたします。

【質問】このクラブの名前は何ですか。
　　　　(1) 中国語学習クラブ
　　　　(2) 中国映画鑑賞クラブ
　　　　(3) 中華料理美食クラブ
　　　　(4) 中華文化体験クラブ

二、自己紹介（その二）

　　山田一郎と申します。東京生まれの22才です。料理をつくることが好きです。先日はコロッケを作りました。最初は肉じゃがを作ろうと思ったのですが、醤油が多すぎてしょっぱくなってしまったので、他の材料と一緒に揚げてみたら、とてもおいしいコロッケができました。失敗しても工夫してチャレンジすることが好きです。次回は茶碗蒸しを作ろうと思っています。

皆様、よろしくお願いいたします。

【質問】山田さんが次に作る料理の名前は何ですか。

 (1) 肉じゃが
 (2) コロッケ
 (3) いろいろな材料を揚げるもの
 (4) 茶碗蒸し

三、職業と名前

はじめて勉強会に参加した人の自己紹介です。

　初めまして、サクラ商事の大山と申します。友達の紹介でこの読書会に参加させていただきましたが、これといったはっきりとした目的は持っておりません。仕事は貿易会社の輸出入の担当ですが、皆さんもご存知のように最近世界経済の不況のため希望退職を募る会社が増えています。現在ではまだ中高年に限られていますが、このまま不況が続けば、たとえ若いサラリーマンでも放り出されるかもしれません。ですから、普段からの勉強がぜひ必要だと思いまして、この読書会に入れてもらったのです。これは若白髪もですが、年齢は28です。まだ彼女はいません。できたら勉強会で素敵な彼女と巡り合えたらと考えております。以上です。よろしくお願いします。

【質問】この人の参加目的は何ですか。

 (1) 会社からもっと勉強しろうと言われたから
 (2) 友達にぜひ参加してほしいから
 (3) 素敵な彼女に巡り合いたいから
 (4) はっきりとした目的はありません

四、相手のことを紹介する

　　課長、ご紹介します。こちらは私の大学時代の親友の西野徹君です。かれは僕と同期で同じ大学の同じ学部を出ています。ぼくは大学を出てからすぐうちの会社に入社してたのですが、彼は卒業後アメリカに留学をして、去年日本に帰ってきました。アメリカで経営学を勉強していたそうですが、そこで勉強したことを日本の会社で活かしたいと思い、うちの会社にぜひ入りたいと言っています。課長、部長に彼のこと紹介してくださいませんか。どうかよろしくお願いします。

【質問】この人の目的は何ですか。

　　　　(1) 課長の親友のことを褒めています。
　　　　(2) 親友を課長に紹介したかったのです。
　　　　(3) 自分の留学生活を課長に紹介したかったのです。
　　　　(4) 課長から部長に親友を紹介してもらいたかったのです。

五、相手の特徴を紹介する

　　女の人と男の人が話しています。鈴木さんはどんな人ですか。

女:あ、鈴木さんじゃない？
男:どれどれ、先月辞職した、先輩の鈴木さんのこと？
女:ええ、そうよ。
男:どの人？
女:ほら、眼鏡をかけて、ぼさぼさの髪の人よ。
男:あのふっくらした顔の人？
女:そうよ。あの人。

【質問】鈴木さんはどのような人ですか。

　　　　(1) 眼鏡をかけて、こけている人

(2) 真中から分けていて、ピカピカの髪形の人

(3) コンタクトにして、ほっそりした人

(4) 眼鏡をかけて、ふっくらした顔の人

六、特徴の説明

　女の人が慌てて自分の家の猫を探しています。

　すみません、うちのネコがいなくなったんです。色ですか、色はですね、こげちゃ、いいえ、きいろに白いぶちです。子猫です、足は4本とも白で。眼は青です。ミーちゃんと言います。この辺で見かけませんでしたか。

【質問】女の人の家の猫はどんな猫ですか。

(1) 目は黄色で足が4本とも白です。

(2) 体は黄色で、目は青です。

(3) 体は黄色と白で、目は青です。

(4) こげちゃで足は2本が白で、あとの2本が黄色いです。

七、挨拶文

　春とは名ばかりで厳しい寒さが続いておりますが、皆様いかがお過ごしでしょうか。

　私どもは皆元気にしております。病気知らずの家族に恵まれましたことに感謝する毎日です。

　もうすぐ春の足音も聞こえてくるでしょう。どうぞお風邪など召しませぬよう、お体を大切にお過ごしください。

【質問】この人はどんなことに感謝していますか。

(1) 春になっても厳しい寒さがのこっていること
(2) 春になったこと
(3) 春の足音が聞こえてくること
(4) 家族がみんな元気なこと

八、挨拶

山田：あっ、田中さん、こんにちは。
田中：こんにちは、山田さん。
山田：今日もいい天気ですね。
田中：最近は毎日とても暖かくて過ごしやすいですね。
山田：ああ、でも週末は雨になるらしいですよ。
田中：そうなんですか？週末は子供とハイキングに行きたかったのに、残念だわ。来週はどうかしら？
山田：来週は晴れるみたいですよ。

【質問】田中さんはどんなことに残念だったと言っていますか。

(1) 毎日暖かいこと
(2) 週末は雨がふること
(3) 子供は週末ハイキングに行くこと
(4) 来週も晴れにならないこと

第三課　日常生活

一、食事

　　お母さんと子供の会話です。

子供：いただきます。今日は、大根の味噌汁と、鳥の唐揚げだね。おいしそう。

母親：そんなに慌てて食べないで。きちんと噛みなさい。

子供：はーい。

子供：あー、おいしかった。おなかいっぱい。ご馳走様でした。

【質問】今日のおかずは何ですか。

　　　(1) 大根のスープです。
　　　(2) 大根の味噌汁と鳥の唐揚です。
　　　(3) 鳥の唐揚です。
　　　(4) 鳥を揚げた味噌汁です。

二、市場で（その一）

店の人：はい、いらっしゃい。今日は何にしますか。

女の人：そうね、今日は何が安いの。

店の人：今日はこちらのトマトとそちらのリンゴがお買い得です。

女の人：じゃ、トマトを3つください。

店の人：はい、トマト3つね。150円です。

【質問】女の人は何を買いましたか。

　　　（1）トマト3つ

　　　（2）りんご2つ

　　　（3）トマト1つとりんご2つ

　　　（4）なにも買いませんでした

三、市場で（その二）

買い物客：お魚と大根が欲しいんだけど。

店　　員：魚ね。今日はぶりのいいのがあるよ。

買い物客：あ、じゃあ、ぶりにするわ。

店　　員：どのくらい？

買い物客：そうねぇ。500グラムくらいお願いできます？

店　　員：はい、まいどあり。大根はあっちだよ。

買い物客：ありがとう。

店　　員：その大根は一本198円。

買い物客：ちょっと高いわね。あっちの少し小さいのは？

店　　員：あっちは160円。

買い物客：じゃあ、あっちにするわ。

店　　員：合計820円になります。

買い物客：細かいのがないわ。1000円で。

店　　員：はい、180円のお返しです。

【質問】ぶりをどのぐらい買いましたか。

　　　（1）500グラムのぶりを買いました。

　　　（2）198円のぶりを買いました。

　　　（3）160円のぶりを買いました。

(4) 820円のぶりをかいました

四、レストランで

　　女の人と男の人が話しています。
女の人：ねぇ、今日はなにを食べようか。
男の人：そうだね。僕はそんなにおなかがすいてないけど、君とおなじもので
　　　　いいよ。
女の人：じゃぁ、カレーのセットにしよう。
男の人：いいよ。僕はビーフカレーのほうがいいけど。君は野菜カレーのほう
　　　　がいいだろう。
女の人：ううん、私もビーフカレー。
【質問】2人は何を頼みましたか。
　　　　(1) ビーフカレーと野菜カレー1つずつ
　　　　(2) ビーフカレー2つ
　　　　(3) 野菜カレー2つ
　　　　(4) 何も頼みませんでした

五、贈り物

　　女の人は電話で友達と相談しています。2人はどうして贈り物をしたいのですか。
　　もしもし、美智子。私だけど。うん、元気よ。そうなの、聞いたのよ。それで電話しているの。ええ、コーヒーセットね、最初はあたしもそう考えていたのよ。でも結婚式でもあるまいしね。じゃ、もっと実用的なものというと…、ええ、いいわ、それで。こどもが大きくなっても使えるし…。じゃ、そうしよう。
【質問】2人はどうして贈り物をするのですか。

(1) 友達が結婚しているから
(2) 友達が大学入試に合格したから
(3) 友達の家で赤ちゃんが誕生したから
(4) 友達が退院したから

第四課　学校生活

一、授業風景

先生：出席を取ります。鈴木君。

鈴木：はい。

先生：田中君。

鈴木：先生、田中君は熱があってお休みするそうです。

先生：はい、分かりました。

先生：それでは、国語の授業を始めます。
　　　では、高橋さん、3ページ目から読んでみてください。

高橋：先生。教科書を忘れてしまいました。

先生：じゃあ、今日は隣の山田君に見せてもらってね。次からは忘れないように。

高橋：はーい。

【質問】教科書を忘れた人は誰ですか。

　　(1) 田中さん
　　(2) 鈴木さん
　　(3) 高橋さん
　　(4) 山田さん

二、伝言

休みのときに学生と学生の会話です。

A：2時間目は体育だよ。

B：えっ、数学だと思ってた。

A：早く着替えなきゃ。あと5分しかない。

B：あっ、ロッカーの鍵がない。どうしよう、お願い、先に行って先生に言っといて。

【質問】友達から先生に伝えたいのは何ですか。

(1) 数学だと思ったから、少し遅れていきます。

(2) まだ着替えていないから少し遅れていきます。

(3) ロッカーの鍵が見つからないから少し遅れていきます。

(4) 体育が好きではないから少し遅れていきます。

三、不景気

学生同士の会話です。

学生一：おー、しばらく。元気かい。

学生二：あまり元気じゃないんだ。

学生一：どうして？この前会った時は元気いっぱいで就職活動をしているって言ってたじゃない？

学生二：それがさ、景気が悪いだろう。今年は、どこの企業も人員削減で、あまり募集してないんだ。それに、僕たちの専門、特に不景気だろ。

学生一：そうだね。昔、景気のいいころは、先輩たちはどんどん銀行にだって就職してたもんだったよね。

学生二：まあ、今月いっぱいまだ見つからないようだったら、大学院でも受けてみようかな。

【質問】この学生たちの専門はどんなことと関係があるのでしょうか。

(1) 音楽関係
(2) スポーツ関係
(3) 金融関係
(4) 文学関係

四、追試

授業中先生が学生に追試のことについて話しています。

先生：じゃ、いまから、追試のことを話しておきますから、危ないと思う人はよく聞いといてくださいね。

学生：はーい。

先生：追試は来週の木曜日の期末試験が終わったあと、一週間後に行います。範囲は期末試験とほぼ変わらないんですが、単語の量をすこし減らしました。中間試験に出た第1課から第8課までの単語はもう追試験には出ません。

学生：というと…？先生、期末試験にも出ないということですよね。

先生：いいえ、きみのその理解は間違っていますよ。

【質問】追試験はいつ行いますか。

(1) 今週の木曜日です。
(2) 来週の木曜日です。
(3) 再来週の木曜日です。
(4) いつ行うかまだわかりません。

五、ゼミの順番

班長さんがクラスの全員に向って話をしています。

班長：ええ、みなさん、大山先生の日本経済のゼミを取った人はちょっと手を

挙げてください。え〜と、15人ですね。この15人を五つのグループに分けて、今学期中に発表してもらいます。3人ずつグループを作ってください。

　　では、次に各グループの代表の人、前にきて順番を決めたいと思います。

（しばらくして）

　　では、発表の順番をいいますから、よく聞いてください。田中グループが一番、二番が鈴木グループ、続いて、橘グループと森田グループ、森グループが最後になりますが。以上の順番でよろしいですね。

【質問】森田グループは何番の発表になりますか。

　　(1) 一番ではない。
　　(2) 二番です。
　　(3) 三番です。
　　(4) 最後です。

六、道を尋ねる

キャンパスで外国人留学生が事務員に道を尋ねています。

留学生：あの〜、すみませんが、学生課へ行きたいのですが。

事務員：学生課ですか。学生課はこの手前のビルの1階にありますが。

留学生：はい、わかりました。どうもありがとうございました。

事務員：あの、留学生の方ですね。

留学生：はい、そうです。

事務員：学生課にどんな用事ですか。

留学生：学割の申請をしたいのですが…。

事務員：留学生の方の学割申請は学生課ではなく、国際交流係というところがあります。そこで申請してください。

留学生：その国際交流係はどこにありますか。

事務員：あそこに高いビルが見えますね。そのビルの後に2階建ての建物があります。そこの201号室です。

留学生：高いビル？2階建て？～よくわかりませんが。

事務員：じゃ、そこまで案内しますから、一緒に来てください。

【質問】国際交流係はどこにありますか。

（1）高いビルの裏の2階建の建物の1階にあります。

（2）高いビルの裏の2階建の建物の2階にあります。

（3）手前のビルにあります。

（4）高いビルの中にあります。

第五課　料理

一、酢豚

　　酢豚の作り方を説明します。まず、材料から、豚もも肉300g、ピーマン2個、たまねぎ1個、片栗粉大さじ4杯。あとは調味料として酒、醤油、トマトケチャップです。

　　まず、豚もも肉を2cm角に切り、汁気を切って片栗粉をまぶします。ピーマンとたまねぎを一口大に切ります。豚もも肉を160℃の油でカリッと揚げます。そしてピーマンとたまねぎを軽く油通しします。フライパンに油を引き、ケチャップを炒めます。煮立ったところで、豚もも肉と野菜を入れ、さっと炒めて出来上がりです。

【質問】ケチャップをいつ入れますか。

　　（1）一番最初に入れます。
　　（2）肉と野菜を油で揚げてから入れます。
　　（3）材料を全部煮立ったところで入れます。
　　（4）炒めてお皿に入れてから入れます。

二、味噌汁

　　娘とお母さんが話をしています。
　　母：ああ、疲れちゃった。なんだ、恵子、帰ってたの。お母さん、今日疲れてるから、ごめん、食事、作ってくれる。

娘：うん。いいよ。何作る？

母：簡単でいいよ。ご飯とお味噌汁いと焼き魚でいいから。

娘：味噌汁？わたしできない。教えて。

母：まず、だしを取って。その間にジャガイモの皮をむいて、一口大に切っておく。だしが取れたら、ジャガイモを入れて柔らかくなるまで煮る。ジャガイモが煮えたら、切っておいたわかめも入れて、大匙2杯の味噌を溶きながら入れる。煮立ったら、すぐ火を止めること。お椀に盛って薬味のいりごまをちらして、出来上がり。

娘：簡単じゃない。お母さん、ゆっくり休んでいいよ。あたし、腕によりをかけるから。

【質問】味噌をいつ入れるのですか。

  (1) 一番最初に

  (2) 一番最後に

  (3) 材料が柔らかくなってから

  (4) 薬味をいれてから

三、コマーシャル

次の内容は何のコマーシャルかを聞いてください。

いままでため込んだ毒素を排出し、体と心をリセットする方法がデトックス。毒だしジュースとスープで腸を綺麗にすれば、気になる体の不調もなくなり、自然とやせ体質に。疲れたこころもリフレッシュして、心身ともに健やかになります。リバウンドの心配もなし。今度こそ美しく痩せるチャンスです！

【質問】これは何のコマーシャルですか。

  (1) ジュースのコマーシャルです。

  (2) スープのコマーシャルです。

  (3) 腸を綺麗にするコマーシャルです。

  (4) ダイエットのコマーシャルです。

四、料理教室

料理教室で先生が目玉焼きのホットサンドイッチの作り方を教えています。

先生：目玉焼きはさっきの説明で大体わかりましたね。では次に1人暮らしの人に最も人気のある、しかも簡単な目玉焼きホットサンドイッチの作り方を説明します。

　　　まず、黄身が柔らかい半熟の目玉焼きを作ります。次に、食パンの耳を落とし、それぞれ片面にバターを塗ります。バターを塗った面を外側にして、間にハム、チーズを挟みます。そして、フライパンを弱火にかけ、両面をこんがりとチーズが溶けるまで焼きます。最後にサンドイッチの上に目玉焼きをのせて、黄身をくずしてパンとからめながら食べると、栄養満点の朝食になります。みなさん、いかがでしょうか。

先生：簡単でしかも栄養のある朝食ですが、これを作るのに何分ぐらいかかるのでしょうか。

先生：約5分です。

【質問】目玉焼きホットサンドイッチの使う材料はどれですか。

　　　(1) 卵の黄身とパン
　　　(2) チーズとバター
　　　(3) ハムとチーズとバターとパンの耳
　　　(4) 卵、パン、チーズ、バターとハム

五、アップルジュース

　　子供と母親の会話。
子供：お母さん、友達のうちでアップルジュースを飲んできたんだ。
母親：へえ、そう。スーパーで売ってる瓶に入ってるジュース？
子供：ううん、違う、違う。友達のお母さんが作ってくれたんだ。
母親：あ、そう。どうやって作ったんだろう？

子供: わかんない。ジュースの上にイチゴとブルーベリー、それからミントの葉も飾ってあって、とても綺麗だ。

母親: 健ちゃんそれ、好き？じゃ、お母さんも習ってみようかな。

【質問】子供が友達のうちで飲んだのは何のジュースですか。

(1) りんごジュース
(2) イチゴジュース
(3) ブルーベリージュース
(4) ミントの葉のジュース

第六課　スポーツ

一、プレー

班長：明日、サッカーの試合があるんだけど、一人足りなくて。明日空いてない？

田中：うん、大丈夫だよ。

班長：じゃあ、よろしく。田中君は足が速いから、サイドをやって欲しいんだけど。

田中：サイドよりはフォワードでプレーしたいよ。

班長：そうか。じゃあ、鈴木君をサイドにして、田中君にはフォワードでプレーしてもらおう。

田中：うん、分かった。

班長：じゃあ、川西サッカー場で10時に。

【質問】田中さんは何をやってみたいのですか。

　　　　(1) サイド
　　　　(2) プレー
　　　　(3) フォワード
　　　　(4) サッカー

二、観戦

A：明日の野球のチケットが余ってるんだけど、行く？

B：どこ対どこ？

A：巨人対阪神。

B：え、ホント？行く行く。

A：7時からだから、遅くとも6時半には着きたいよね。
　　じゃあ、6時に新宿駅で。

B：10対9、すごい試合だったね。

A：ホント。もう、興奮しっぱなし。

B：あそこでヒットを打ってれば、もうちょっと楽だったんだけどね。

A：うん。でも結局勝ったからいいんじゃない。

【質問】試合の結果はどうですか。

　　（1）阪神が勝ちました。

　　（2）巨人が勝ちました。

　　（3）試合の結果は10対9でした。

　　（4）試合がもっと楽しければいいのに。

三、野球

　　第81回センバツは2日、兵庫県西宮市の阪神甲子園球場で決勝戦が行われ、3年ぶり2回目出場で2度目の決勝に進んだ長崎チームと、初出場の岩手チームが対戦することになった。長崎チームが1−0で岩手チームを破り、長崎県勢として初の優勝を果たした。岩手チームは北海道・東北勢としての初優勝、紫紺の優勝旗の福島チーム越えを目指したが、長崎に逃げ切られた。

【質問】第81回の選抜戦はどこが勝ちましたか。

　　（1）長崎チーム

　　（2）岩手チーム

　　（3）北海道チーム

　　（4）福島チーム

四、大相撲

　　大阪府立体育会館で行われている大相撲春場所では連日、横綱戦の取組前に赤地に黄色い「M」をデザインした懸賞旗が土俵上を一周している。街角でおなじみの日本マクドナルドのマークが入ったものである。初お目見えの初日（15日）は場内が沸いていた。今場所から大相撲の懸賞に参入し、15日間で計50本を出す予定だという。「相撲のファン層は幅広い。40代、50代の人に来店していただければ。大相撲と一緒に世の中を元気にしたい」と、日本マクドナルド広報は言っています。

【質問】日本マクドナルドのマークが大相撲の会場内に入った目的は何か。

(1) 世の中は元気がないから
(2) 「M」の文字を観衆に見せたいから
(3) 40代、50代の人々にも親しまれたいから
(4) 土俵の上を一周したいから

五、卓球

　　1月の全日本選手権で3連覇を達成した24歳の平野早矢香選手は「世界選手権で自己新記録を作りたい。これまで個人でベスト32位が最高だったので、それを破りたい」と語っていました。3月のドイツオープンで優勝するなど好調で「本番までに細かい部分を修正していきたい」と言っています。国際卓球連盟の最新の世界ランクでは29位から19位に上昇し、これまで日本選手のトップだった31位の福原愛に代わって最上位になったものです。

【質問】福原愛が日本選手としてこれまで一番高い世界ランクは何番ですか。

(1) 19位　　　　　　　　(2) 29位
(3) 31位　　　　　　　　(4) 32位

第七課　部活動

一、部活動とサークル

学生が先生に部活動とサークルの区別について尋ねています。

学生：先生、来月の発表なんですが、部活動とサークルの区別について、まずアンケート調査をし、その結果を書きたいと思いますが、いかがでしょうか。

先生：部活動とサークルの区別か？君はその区別をはっきりと分かっているのだね。

学生：はい、部活動は、目的とする事業の計画を策定し、その事業は何らかの意味で学校などに対して公益的な活動であり、学校や生徒会、学生自治会などの組織の一部門という性質があります。中学校・高等学校・大学・短期大学で一般に使われる呼称であり、部活と略されているのに対して、サークル活動は、ある一定の活動を通して人間同士の繋がりや交流を深めようとする活動です。日本においては、主に大学で発達し、飲み会文化などを初めとするコミュニケーション重視の活動です。クラブ活動と同一と考えられる事も多いですが、両者の間には、活動分野を重視するか人間関係を重視するかという違いがあるといわれています。

先生：じゃ、日本の部活動と欧米諸国の部活はどう違うの？

学生：はい、各国の部活動についても調べてみましたが、通常日本では中学又は高校や大学・短期大学で同じ部活動を卒業まで行う事が多いが、英米などではシーズンごとに違った部活動に所属することが

多いです。一年中同じクラブに所属する事はあまりないため様々な競技や文化体験ができます。他の欧米諸国やオーストラリア・ニュージーランドなどでは、学校での部活動が盛んではなく、地域のクラブチームに所属することが多いです。オリンピック、サッカー等で一流選手を輩出しているのは地域のクラブチームです。誰でも所属でき、しかもプロの選手も所属していて高度な練習が行えるからなのです。

　　　　世界的に見ると、日本における学校での部活動というものは特異であると言えるのでしょう。

先生：いろいろ調べたね。じゃ、君のこの調査をまとめて来月のゼミで発表してもらおう。

【質問】日本の部活動と欧米のそれとどう区別されるのですか。

　　（1）日本では卒業まで同じ部活動を続けることが多いです。
　　（2）日本も、欧米も卒業まで学校で部活動を続けます。
　　（3）日本ではシーズンごとに部活動を行うところが少なくありません。
　　（4）欧米諸国や、ニュージーランドでは学校で行う以外に地域においても盛んに行われています。

二、演奏会

A：今月末の演奏会に向けて練習頑張りましょう。
　　クラリネットのソロは非常に大事なので、山田さん、お願いね。
　　サックスとトランペットは誰にしようか？
B：サックスは私がやります。
C：じゃあ、トランペットは俺がやるよ。
A：はい、パートは決まりました。では、今週は各自で練習しましょう。来週から合同で練習することにします。

毎日4時から、大学の講堂を借りているので、みんなちゃんと集まるように。それじゃ、今日はこれで解散。

【質問】みんなが何のために練習しているのですか。

(1) クラリネットの演奏会があるから
(2) 月末に演奏会があるから
(3) サックスのソロの特訓があるから
(4) 大学の講堂を借りたから

三、部活の練習時間

後輩が同じ大学の先輩にクラブ活動の時間について尋ねています。

後輩：先輩、大学の部活は結構きついと聞いていますが、活動の時間はどれくらいなのでしょうか？

先輩：大学や部によってさまざまですが、毎日みっちりとやるところもあれば週3日くらいのところもあります。強いところだと、授業の空き時間や昼休み、放課後も全て練習もしくはそのための準備と言うところもありますよ。大学が力を入れている部活は大概毎日練習があります。休日練習がある場合もあります。練習時間は自分の場合は1日2時間半で週3日でした。練習が無い日でも昼練と言って昼休みに30分の練習があったので、毎日練習するのと変わらなかったですね。

後輩：はあ、なかなかの大変ですね。どの部活に入ろうかまだはっきり分らないので、もうすこし調べてみます。

先輩：武道系の部活はどうですか。でも、キツイと思ったら早めに辞めたほうがいいですよ。

後輩：はい、わかりました。いろいろとありがとうございました。

【質問】この先輩はどの部に入っていますか。

(1) 結構練習をみっちりとするクラブに入っています。
(2) 一日の練習時間が2時間半で週に3日のクラブに入っていま

   　　　す。
   (3) 武道系のクラブに入っています。
   (4) 昼休みにも30分の練習のあるクラブに入っています。

四、部活動の種類

　　子供が大学のパンフレットを見ながらお母さんと話しています。
子供：お母さん、私、この大学を受けてみようかな。
母親：どうして？まえはここはよくないと言ってたのではない？
子供：だって、この大学はクラブがすごく多いの。わたしは、自分の青春を大学の部活にかけたいの。
母親：なんのクラブがあるの？
子供：野球でしょう、テニス、バスケットボールにビーチバレーもある。それから、剣道、柔道、少林寺拳法と水泳、登山。あ～あ、ヨットもある。どうしよう。わたし、すべてやってみたい。
母親：おやおや、クラブはともかく、まず受験勉強したらどう？
【質問】今、この大学にあるクラブはどれとどれですか。

   (1) 水泳とビーチバレー
   (2) ヨットと空手
   (3) テニスとゴルフ
   (4) 少林寺拳法とサーフィン

第八課　病院・健康

一、頭痛

　　医者と患者の会話です。

医者：どうしました？

Ａ：頭が少し痛いんです。

医者：熱は計りましたか？

Ａ：朝計ったときには、37.2度でした。

医者：そうですか。では、口を空けてください。

Ａ：はい。

医者：のどが少し赤いですね。痛みますか？

Ａ：のどはそれほどでもないです。

医者：では、頭痛と熱冷ましの薬を出しておきます。
　　　毎食後1錠ずつ飲んでください。

Ａ：はい、分かりました。ありがとうございました。

【質問】この患者さんはどこが悪いのですか。

　　（1）のどが痛いのです。

　　（2）微熱はあったからです。

　　（3）頭が痛くて、熱があるのです。

　　（4）頭も、のども痛いのです。

二、健康

A：最近なんだか疲れが取れないんだよね。
B：夜、よく眠れる？
A：いや、2時くらいまで目が冴えちゃって。
B：眠れないんだ。一度お医者さんに診てもらったら？
A：そこまでひどくはないと思うんだけどね。でも、今週もずっと眠れないようだったら来週には行ってみるよ。
B：うん、そうしたほうがいいよ。まずは寝る前に軽くストレッチでもしてみたら、眠れるようになるかもしれないよ。

【質問】この人は最近どうだと言っていましたか。

(1) 疲れ気味
(2) 夜の時間しか眠れない
(3) 最近ストレッチをやり始めた
(4) 2時まで眠れない

三、病気の症状

会社の同僚が話しています。

同僚A：田中さん、どうかしたんですか。全然食べてないじゃないですか。
同僚B：ええ、実は昨日からお腹が痛くて、食欲がないんです。
同僚A：熱はあるんですか。
同僚B：さあ、ちょっと。ないと思うんですが。
同僚A：何か悪いものでも食べたんでしょうかね。
同僚B：昨日の朝、冷たいジュースと前の日のおにぎりを食べたんですが…。
同僚A：じゃ、食中毒かもしれませんね。早く病院へ行って、診てもらったほうがいいですよ。

同僚B：そうしようと思うんですが、例の報告書、課長、待っているでしょう。

同僚A：うん。そうだけど。報告書より、健康が一番大事だと思いますよ。私が代わりにやりますよ。

同僚B：ありがとう。でも、書き上げてから、病院に行きます。

【質問】この人はこれからどうしますか。

(1) 薬を飲んで休みます。
(2) 病院に行って、見てもらいます。
(3) 会社に戻って仕事をします。
(4) 報告書を提出してから、病院へ行きます。

四、アドバイス

女子学生がニキビのことで悩んでいます。そこで医者がアドバイスをしています。

学生：先生、いつになったら、この顔は元通りになるでしょうか。

医者：それより、薬を出しますから、まずは1日3回きちんと塗ること。それから、からしのような香辛料や、卵などアレルギーを起こすようなものは絶対食べないことを守ってください。

学生：はい。でも、あと1か月したら、就職活動をしなければなりません。先生、早く治るためのいい方法を教えてくださいよ。

医者：ははは～いい方法ね。「医食同源」という言葉を聞いたことがありませんか。漢方では、ニキビの原因は体に熱があるという見方をしています。その熱を出すための秘密兵器があります。それを教えましょう。それは緑豆とハト麦のぜんざいです。

学生：緑豆というと？緑の豆のことですか。

医者：はい、そうです。緑豆はですね、ニキビの原因となる体内の熱を下げる解熱作用があって、身体の中の毒素の排出解毒作用にもすぐれた食材です。一方、ハト麦はアミノ酸、ビタミン、鉄が多く含まれてい

て、新陳代謝を活発にする作用があります。この二つを一緒にして、お粥にして食べれば、案外早く治るかもしれませんよ。

学生：はい、わかりました。帰ってから、すぐ作ってみます。今日はどうもありがとうございました。

【質問】医者の推薦した緑豆はどんな作用がありますか。

(1) 塗るとニキビが治る作用を持っています。

(2) アミノ酸を持っていて、体にいい作用を持っています。

(3) お粥としての作用を持っています。

(4) 解熱作用を持っています。

五、マーサッジ

主婦同士の会話です。

主婦一：ああ、疲れた。最近子供の受験で、疲れがたまってて。ほら、肩もこんなに凝っているの。ああ、どうしよう。家に帰るのも嫌になっちゃう。

主婦二：どれどれ、まあ。本当に凝ってるね。じゃ、帰る前にマーサッジに行こうよ。

主婦一：本当に効くの？マーサッジって。聞いたことはあるけど。まだ一回もやったことがないの。

主婦二：じゃ、私がいつも行っている店へ行く？老舗でマーサッジ師もたくさんいて、技術も確かだから。それに個室もあって、周りを全然気にせずにリラックスできるしね。

主婦一：そう？行ってみたい。お願いね。値段はどう？。高いの？

主婦二：コースによっては値段は違うけれど、全身マーサッジなら60分70円。全身+足裏が120分で100円だよ。

主婦一：だったら、足裏もしたほうが得ね。

主婦二：じゃ、それにしよう。

【質問】2人はどんなコースにしますか。

(1) 全身マーサッジにします。
(2) 全身+足裏にします。
(3) 60円のコースにします。
(4) 70円のコースにします。

第九課　交通・道案内

一、電車の乗り換え

乗客：すみません、新宿まで行きたいんですが、どのように行けばいいでしょうか？

駅員：ここから東横線に乗って渋谷まで行ってください。
　　　渋谷で、JRの山の手線に乗り換えて、3駅です。

乗客：次の電車は何時ですか？

駅員：5分後です。でも、12時15分に特急がありますから、そちらの方が早いですよ。特急は5番ホームから出ます。

乗客：ありがとうございます。では、大人二枚子供一枚、全部でいくらですか？

駅員：1320円になります。

【質問】新宿までどう行けばいいですか。

（1）東横線で行きます。

（2）山の手線で行きます。

（3）ここから12時15分の特急で乗り換えなしで行きます。

（4）まず東横線に乗って、それから渋谷で山の手線に乗れ換えていきます。

二、案内

A：郵便局にはどういったらいいですか？

B：すみません、ちょっと分かりません。

あそこに交番があるので、そこで聞いてみるといいですよ。

A：すみません、郵便局にはどういったらいいでしょうか？

C：この通りをまっすぐ行って、三つ目の信号を右に曲がってください。角にコンビニがありますから、分かりやすいと思いますよ。その後、50mほど進めば、左手に郵便局があります。

A：三つ目の信号を右ですね。ありがとうございます。

A：すみません、郵便局はどこですか？

D：郵便局？行き過ぎですよ。あの信号を左です。

A：ああ、そうですか。ありがとうございます。

【質問】郵便局はどこですか。

(1) ここから三つ目の信号を右に曲がってすぐです。

(2) ここから三つ目の信号を左に曲がってすぐです。

(3) ここから三つ目の信号を右に曲がって、50メートルのところにあります。

(4) 角のコンビニの横です。

三、病院案内

看護婦と患者の話です。

患　者：すみません。レントゲン写真を撮りたいのですが。

看護婦：レントゲンですか。レントゲンは2階の放射線室でお撮りになってください。

患　者：放射線室…？

看護婦：この床に黄色い矢印がありますね。この黄色い矢印に沿って、まっすぐに行って、突き当りに階段があります。その階段2階へ上がっていただくと、左に内科の看板があります。その隣が放射線室になります。

患　者：(溜息をついて)はあ、そうですか。はい、行ってみます。

看護婦:わかりにくいですか。では、そこまでご案内しましょう。

患　者:ああ、よかった。助かります。

【質問】放射線室はどこにありますか。

(1) 二階の内科の突き当りです。

(2) 一階のつきあたりです。

(3) 矢印の突き当りです。

(4) 階段を上がって左手です。

四、花屋はどこにありますか

A:すみません、この辺に青山フラワーという花屋がありませんか。

B:青山フラワーですか…まっすぐ行って、信号の向こうに花屋が1軒あるんですが、何という店かは気がつきませんでした。そこへ行ってみてください。

A:はい、どうもすみません。あの〜、まっすぐ、行って…それから…

B:それから信号があるんです。その信号を渡って、ちょっと行くと、その花屋です。

A:はい、わかりました。どうもありがとうございます。

【質問】花屋はどこにありますか。

(1) 青山フラワーにあります。

(2) 信号の向こうにあります。

(3) どこにあるかわかりません。

(4) ちょっと行くとすぐです。

五、北京駅

A:すみません、北京駅に行きたいんですが。どう行けばいいんでしょうか。

B:北京駅ですか。

A:ええ、そうです。地下鉄でいけますか。

B：はい。でも、地下鉄だと2回乗り換えになります…。バスなら乗り換えなしでいけますよ。

A：バスは遅いでしょう。やっぱり地下鉄で行きたいです。

B：はあ、そうですか。じゃあ、あそこに地下鉄という大きな看板があるでしょう。そこから10号線に乗って、大北窯で1号線に乗りかえます。1号線に乗って二つ目で二号線に乗り換えて、北京駅で降りればすぐです。

A：確かにややこしいですね。

B：一番速くて便利なのはタクシーですよ。20分ぐらいでいけますから。

A：そうですね。そのほうがいいかもしれませんね。

【質問】この人は何で行きますか。

  (1) バスで行きます。

  (2) 地下鉄で行きます。

  (3) タクシーで行きます。

  (4) 何で行くかはまだ決まっていません。

第十課　電　話

一、かけ直し

A:もしもし、田中さんのお宅ですか？
B:はい、そうです。
A:私、一郎さんの同僚の高橋と申しますが、一郎さんはいらっしゃいますか？
B:申し訳ございません。ただいま一郎は留守しております。こちらから、折り返しお電話を差し上げるようにいたしましょうか？
A:いえ、もう一度、わたしから掛けなおします。何時頃戻られますか？
B:30分ほどで戻ると思います。
A:分かりました。それでは改めてお電話いたします。
A:もしもし、田中さんのお宅ですか？
B:はい、田中です。
A:先ほどお電話した高橋です。一郎さんは戻られましたでしょうか？
B:はい、戻りました。少々お待ちください。
【質問】この人は田中一郎さんとどんな間柄ですか。

  (1) 親しい友達
  (2) 会社の同僚
  (3) 田中一郎さんの上司
  (4) 田中一郎さんの部下

二、電話をかける時のマナー

（学生が先生に電話をかけるときのマナーについて聞いています）

学生：先生、中国でも電話をかける時にいろいろなマナーがありますが、友達の話によると日本では電話のマナーっていうのはもっといろいろときびしく規定されているそうです。ほんとうですか。

先生：そうですね。電話をかけるとき相手に失礼だと思われないことが一番重要なポイントとされています。まあ、外国人の学生には、たしかに難しいと思いますよ。まず第一に気をつけなければならないのはかける時間ですよね。

学生：たとえば何時がいい、何時がわるいっていうことでしょうか。

先生：そうです。早朝や、夜遅い時間をさけるようにしなければなりません。また、相手が出た場合でも、仕事中とか、食事中とか、何かをしている最中に、その電話に出ているかもしれません。だから「もし、もし～ですが」と名乗ったあと、必ず「いまよろしいでしょうか」と相手の都合を聞いてください。

学生：（メモをとりながら）はい、まず、自分から名乗って、それから相手の都合をきくと。はい、わかりました。そのあと、用件を言えばいいんですね。

先生：はい、そうです。相手の都合を聞いてから、電話をかけた目的や、要件を伝えるようにします。要件を言い終わったら、感謝のことばを述べ、最後に「失礼致します」や「ごめんくださいませ」などの挨拶をして、電話を切ります。感謝の言葉は「ありがとうございました」「ではまたこちらからお電話をさせていただきます」などですね。それから、電話を切る時、受話器は静かに置きましょう。

学生：終わりのあいさつをしてから静かに電話を切ることと。ほかに何か注意しなければならないことがあるでしょうか。

先生：そうですね。いま、携帯電話へかけるときにも同じように時間や、相手の都合などに注意して、かけなければなりません。

学生：はい、いろいろと勉強になりました。先生、どうもありがとうございました。

【質問】電話をかける時、マナーとして最初に何を言わなければなりませんか。

  (1)「わたくし、～ですが、いま、よろしいでしょうか」

  (2)「すみません、いま、食事をしているのでしょうか」

  (3)「では、失礼します」

  (4)「では、またこちらからお電話をかけさせていただきます」

三、留守電のメッセージ

  もしもし、雪ちゃん。僕です。約束したコンサートのチケットを買いました。土曜日じゃなくて、日曜日の券を買ったので、雪ちゃんの都合はどうかな…。確かめてなかったけど、大丈夫だよね。無理とはいわないけど。やっぱり一緒にいきたいから。よい返事を待ってます。

【質問】男の人はチケットを買う前に雪ちゃんの都合を聞きましたか。

  (1) はい、聞きました。

  (2) いいえ、聞きませんでした。

  (3) 2人は相談して、日曜日に行くことに決めました。

  (4) 男の人が勝手に土曜日のチケットを買いました。

四、電話応対

A：はい、JMSでございます。

B：もしもし、わたくし、日本電子の山田と申します。西山部長さんいらっしゃいますか。

A：日本電子の山田さまでいらっしゃいますか。少々お待ちください。

第十課　電　話

A:もしもし、大変お待たせいたしました。西山はただいまほかの電話に出ておりますが、私でよければ、ご用件を承りますが。わたくし、部下の三浦と申します。

B:あ、そうですか。どうしようかな。それでは、伝言お願いできますか。

A:はい、ご用件をお伺いいたします。

B:実は明後日西山部長さんとご一緒にお客さんの所へ行く約束をしておりました。しかし、私どもの会社の都合により、明後日わたくしがいけなくなってしまいした。それで、西山部長さんにお詫びを申し上げ、他のご都合の良い日をお伺いしたいと思いまして、お電話を致しました。

A:はい、わかりました。では、ご用件を復唱させていただきます。山田様のご都合により、明後日の客先訪問不可能となり、西山の都合をお知りになりたいということですね。確かにお伝えいたします。

B:では、よろしくお願いたします。

【質問】誰の都合が悪くなったのですか。

　　　　(1) 西山さん
　　　　(2) 山田さん
　　　　(3) お客さん
　　　　(4) 三浦さん

第十一課　依　頼

一、依頼状（メール）

　　平素は格別のお引き立てをいただき、ありがとうございます。
　　さて、早速ですが、下記の貴社商品につきまして見積書を至急ご送付下さいますようお願い申し上げます。
(1) 商品名　電子部品
(2) 数量　ケース
(3) 納期　平成22年4月30日まで
(4) 支払方法　現金書留
以上、取り急ぎご依頼まで。
ご不明な点などございましたら、ご遠慮なくお問い合わせ下さい。

【依頼状（手紙）】

　　　　　　　　　　　　　　　　　　　　　　　　　平成21年7月30日
株式会社　東洋電子
管理部　田中一郎様

　　　　　　　　　　　　　　　　　　　　　　　　　株式会社　昭和電子
　　　　　　　　　　　　　　　　　　　　　　　　　　　小川次郎

【質問】この依頼状の目的は何ですか。
(1) 平素のお引き立てに対する感謝
(2) 見積もり書の請求
(3) 商品リストの発送
(4) 不明点についての質問

二、請求書送付のお願い

拝啓

　時下ますますご清栄のこととお喜び申しあげます。平素は格別のお引き立てにあずかり、ありがたく厚くお礼申しあげます。

　さて、3月22日貴社納品の品代金請求書が、未だに到着しておりません。至急ご調査のうえ、ご送付くださいますようお願いいたします。

　なお、当社より貴社へのお支払いは、毎月末日締め翌月10日支払いとさせていただいております。月末までに当社へ請求書が届いておりませんと、恐縮ではございますが、お支払いは再来月になってしまいますので、その旨あらかじめご承知おきください。

　なお、この書状と行き違いにお送りいただいておりましたら、悪しからずご容赦のほどをお願いいたします。

　まずはお願いまで。

敬具

【質問】この依頼状の目的は何ですか。
  (1) 品物の代金を請求するため
  (2) 品物代金の請求書の催促
  (3) 請求書が既に届いたので、それを知らないためのお詫び状
  (4) 再来月代金支払いの通知

第十二課　仕　事

一、原稿の確認

A：部長、今、お時間よろしいでしょうか？
B：うん、大丈夫だよ。何かな？
A：先週JKC社から依頼されました原稿を作成しましたので、ご確認いただけますか？
B：ああ、この部分前の方がいいんじゃないかい？
　それから、日付は左寄せで。あとは、そのままでいいと思うよ。
A：ありがとうございます。では、直してまた持って参ります。
B：締め切りは5月20日だったよね。先方さんにも確認したいから、すぐに仕上げてもらえるかな？
A：はい、分かりました。

【質問】すぐに仕上げなければならない理由はどれか。
　　　(1) 日付はもっと左寄せにしたいから
　　　(2) 締め切りは5月20日だから
　　　(3) 締め切りの前に先方に確認してもらいたかったから
　　　(4) 先週JKC社から依頼されたから

二、アルバイト探し

女の学生が店でアルバイトのことを聞いています。

店の人：いらっしゃいませ。
女子学生：あの～すみません。夏休みにアルバイトをしたいのですが。
店の人：アルバイトですか。少々お待ちください。店長を呼びますから。
店　長：はい、店長の鈴木ですが、アルバイトをしたいのですね。どんな仕事がいいですか。
女子学生：え～と。レジとか、棚卸とかがいいんですが。
店　長：時間は何時ごろが入れますか。
女子学生：出来るだけ昼間のほうがいいんです。
店　長：夜はだめですか。
女子学生：ええ、夜はちょっと…
店　長：曜日は？
女子学生：曜日はいつでも大丈夫です。でも、あのう、私、まだ学生なので、学校が始まるとできません。それでも構いませんか。
店　長：それじゃちょっと無理かもしれませんね。あともう一度こちらから連絡しましょう。では、今日はこれで。
女子学生：はい、わかりました。どうもありがとうございました。

【質問】女子学生は店で働くことができますか。
　　　（1）できます。
　　　（2）できません。
　　　（3）よるならできます。
　　　（4）まだできるかどうかはわかりません。

三、悩み

　　新入社員の後輩が先輩の人に仕事の悩みを話しています。
先輩：おう、田中君。どうだい？仕事、だいぶ慣れたかい。
後輩：はい。なんとか。

先輩：楽しくとはいかないか。顔に「楽しい」という字は書いてないものな。
後輩：先輩、会社の仕事って、僕たちがやっているように、こんなにつらいのですか。
先輩：え？つらい？
後輩：はい、そうです。仕事をはじめて、まだ2か月も立っていないのに、精神的にも、肉体的にもきつくて、もう疲れました。時計ばかり見て、まだ5時じゃないかという毎日です。
先輩：おお、そりゃ大変だ。いいかい、新しい仕事をし始めたときは、誰だっていろいろ大変なんだよ。まず、仕事を覚えるのが大変だからさ。新人だから、いろいろと分からないことが多い。でもわからないことは、周りの人にきけばいいんだ。人に聞いたら、自分なりにメモを取り、仕事に役立つように順序立てて整理しておく。まず箇条書きのようなものを作っておく。僕が新人の時そうやって仕事を覚えたものだよ。ちゃんと覚えるまでは、その手順書を見ながらやればいい。自分なりに作ったものでも、それがけっこう心強かったものだよ。

　最初はうまくできなかったり、時間がかかったりするのもしかたがない。遠回りのようだけど自分で工夫を重ねていくしかないのだよ。そのためには、「この次はこうしてみよう」「これからはこうしよう」というような、前向きな反省をすることが大切だと思うよ。

　また、よくできる先輩や同僚を観察してまねしたり、そういう人にアドバイスをもらったりするのもいいかもしれないね。
後輩：はい、なるほど。よくわかりました。
先輩：まあ、慣れてくればだんだんラクになるし、それなりにできるようになるものだから。今言ったことを実行しながら、なんとかつらい時期を乗り越えようよ。
後輩：いろいろとありがとうございました。もうすこし頑張ってみます。

【質問】先輩の推薦する役に立つ方法はどれですか。
　　　（1）自分なりに仕事の順序を整理して箇条書きのようなものを作る

(2)「この次はこうしよう」と呟きながら仕事をする

(3) 先輩からアドバイスをもらう

(4) 先輩や同僚の仕事を観察する

四、能率

会社の仲間同士の会話です。

A:ねぇ、昨日、家に持ち帰ったアンケート調査の仕事、もう片付けたの？

B:ええ、できたわよ。洋子ちゃんは？

A:まだ。だから、こんなに早く出てきたの。仕事が始まる前にやろうというわけ。あ～、なさけない！

B:どうしたの？なにかあったの？いつもの洋子ちゃんらしくないじゃない？

A:それがね、最近仕事で遅くなると、帰ってから何かをやろうという気が起きないの。無理して、なんとかがんばろうと思ってパソコンや机に向かっても、疲れていてぼーっとしてしまうだけのことが多くて。美樹、そんな時ない？そんな時はどうしてる？

B:あるある。そんなときは、もう翌日にしようということにしてすぐに寝ていたのよ。でもね、そんな日ばかりが続くと、やりたいことや目標に向けてのタスクが実行できずにストレスがたまるの。それで考えてたんだ。私なりのちょっといい方法を考えついて実行してるんだけど。

A:いい方法って？

B:まず、布団を敷いて歯を磨いて鍵をかけて、すぐに眠れるようにしておくの。これをしていると、不思議なことに、頭のモヤモヤもすこしずつ晴れてくるようになるの。それで、また仕事を続けられるってわけ。

A:へえ～、そうなんだ。わたしも今晩、そうしてみる！

【質問】いい方法というのはなんですか。

(1) 家に帰って眠くなったらすぐ寝ること

(2) 寝る支度をしてからまた仕事をすること

(3) 仕事を次の朝会社へ持っていて、会社でする
(4) やりたい事や目標に向かってのタスクを実行すること

五、自分のHPを作ってみませんか。

　　みなさん、HPということばを聞いたことがありますか。HPというのはホームページのことで、パソコンを持っている人ならほとんど知っていることばです。最近中国の大学生もノートパソコンを持っている人が増えていて、日本語能力試験などの資格試験もインターネットで試験実施機関のHPにアクセスして申し込むという方法が普通になっています。日本の大学生も100%とは言えなくても、ほとんどの人がHPを持つようになっています。というのは今は就職活動も希望する会社のHPにアクセスするのが最初の作業になっていますからね、IT方面の普及は日本も、中国もほとんど同程度だと言えますね。みなさんもそれぞれ自分のHPを開いて、世界へ向けてアピールしてみませんか。HP製作用のソフトを購入すれば、簡単に作れますよ。そして、一般的なHPじゃなくて、たくさんの人がアクセスするように人目を引く個性的なものにするなど工夫してみるのも面白いと思いますよ。どうですか、みなさんもチャレンジしてみませんか。

【質問】日本の大学生の中にどのぐらいの人がホームページを持っているのでしょうか。

(1) 100%
(2) 100%以上
(3) ほとんど
(4) わからない

第十三課　住　宅

一、田中さんのうち

A：田中さんの家はどこ？

B：桜マンションの十階。

A：家賃はいくら？

B：月10万円で、管理費が6千円。

A：合計10万6千円かぁ。間取りは？

B：2DK。6畳と4畳半の2部屋。

A：お風呂とトイレは別なの？

B：ううん。ユニットバス。

A：駅からどのくらい？

B：歩いて15分くらいかな。でも自転車で通ってるから5分で着くよ。

【質問】田中さんのうちはどんな家ですか。

　　(1) 桜マンションの十階で2DKのうちです

　　(2) 10万円の家賃が払えば、あとは何も払わずでいい

　　(3) ユニットバスで、トイレとお風呂が一緒のうち

　　(4) 駅から歩いて5分のところにあるうちです

二、日本の住宅

日本にきてまもない留学生が先生に質問をしています。

学生：先生、日本に来て今日でちょうど1か月になりますが、そろそろ留学生会館を出て、下宿をさがさなければならないことになっていますが、電車に乗っていると、いろいろな形の建物がありますけど。それはどう違うのでしょうか。

先生：そうですね。現在の日本の賃貸住宅には公的賃貸住宅と民間賃貸住宅があります。民間賃貸住宅は個人や民間会社が持っている住宅を貸与するものです。家賃や住居の広さもさまざまです。その中でアパートやマンションと1戸建て住宅がもっともよく見られるものです。

学生：それらはみんな違いますね。

先生：そうです。アパートというのは最も学生さんが借りるもので、家賃がやすいです。おもに鉄筋造りまたは木造モルタル造りの2階建てが多く、4戸から8戸くらいの集合住宅です。中にはトイレが共同のものや、風呂がついていないものもあります。一方、アパートより作りも設備も充実して戸数も多い大きい集合住宅をマンションと呼んで区別しています。マンションは遮音性がアパートよりよく、プライバシーがよく守れます。1階に管理人が常駐しているところや、地下に駐車場がついているところもあります。

学生：あ、そうですか。では先生が先ほどおっしゃった1戸建てというのはどういうものでしょうか。

先生：それは独立した1軒の家のことです。賃貸は少なく、持ち家として購入することが多いです。最近建てられる1戸建ての住宅は和洋折衷型がほとんどです。駐車場や庭が付いているところが多いです。また外国人賃貸用として建てられた住宅もありますが、物件の数からいうと、そんなには多くありません。

学生：先生、もう1つお聞きしたいことがあるのですが、不動産屋の壁やウィンドウに貼ってある紙にはよく2DKや3LDKなどの文字がみられますが、それはどういうことを指しているのですか。

先生：あぁ、それは住宅の間取りのことです。Kはキッチン、台所で、Dはダイニングルーム（食堂）で、Lはリビングルーム（居間）のことです。それ以

外にまたUB—ユニットバス(一体成形浴室)、3点ユニット、浴槽、トイレ、洗面所が1部屋にまとまった表現もあります。

学生：なるほど。よくわかりました。先生、今日はいろいろとありがとうございました。では、明日からさっそく。僕も2DKを探しにまいります。

【質問】ユニットバスはどういう意味ですか。

(1) 浴槽、トイレ、洗面所が1つの部屋にあることです。
(2) キッチンとリビングルームのことです。
(3) ダイニングルームのことです。
(4) 一体成形浴室のことです。

三、セミナー

　　日本の住宅問題について話しています。日本人はどうして自分の家がほしいのですか。

　　最近あまり聞きませんが、ひところ「家付きカー付きばばあ抜き」という言葉がありましたね。いまではどういうのか存じませんが、持ち家というのが今でも日本人の理想であることには、変わりがないといっていいんじゃないでしょうか。この持ち家志向の理由としてはあるアンケート調査によりますと、「家族のよりどころとして」という精神的な安定を求めるものと「病気や老後の収入減への心配」という経済的安定を目指すもののほかには、実は、持ち家でなくてもかまわない理由が多く挙げられているのですね。つまり「家族に見合う広さや間取りが欲しい」とか、また、「親子、夫婦の同居を可能にしたい」とか、「環境の良い住宅がほしい」といった理由です。これはつまり、借家では適当な住宅がなかなかない、ということを示しています。実際に借家の面積は持ち家の面積よりもかなり狭く、広くて環境のいい貸家を借りるためには、かなりの家賃をはらわなければいけないわけです。

凡人社「日本語テスト問題集」より

【質問】日本人はどうして自分の家がほしいのですか。
　　　　(1) 借家より持ち家のほうが広い
　　　　(2) いい借家は家賃が高い
　　　　(3) 病気になって収入がなくなったときに、借家のほうが安心
　　　　(4) 年を取って収入がなくなったときに、持家のほうが安心

四、守ってほしい

　　借家人と管理人が話しています。
借家人：すみません…。
管理人：は～い。どなたですか。
借家人：こんにちは。今度新しく引っ越してきた本多と申します。今後ともよろしくお願いいたします。
管理人：こちらこそ、よろしくお願いします。本多さんは会社員ですか。
借家人：はい、そうです。毎日仕事で家を空けることが多いと思いますが、何か注意しなければならないことがありましたら、どうぞ、ご遠慮なくおっしゃってください。
管理人：はい。まずは、ここの規則をきちんと守っていただきたいですね。
借家人：たとえば、どういうことですか。
管理人：たとえばですね～、契約時に決められた居住者の人数をかならず守ること。夜遅くに大きな音を立てたり、騒がないこと。それから大量の水を流す音も予想以上に隣の迷惑になりますので、入浴や洗濯はなるべく夜中にしないようにしてください。
借家人：はい。あのう、ペットはだめですか。
管理人：小鳥や金魚以外のペットを飼うことはできませんが。本多さんは何か飼われているのですか。
借家人：ええ、カメです。とっても可愛いミドリカメを10年間飼っています。
管理人：カメですか。かめね～。

【質問】本多さんのペットについて管理人はどういう態度を取っていますか。

(1) 飼ってもいい。
(2) 飼ってはいけません。
(3) 住宅の規則に書いていないので、迷っています。
(4) カメはペットであるかどうかわかりません。

第十四課　人間関係

一、恋愛

男の人：ごめん、10分も遅れちゃった。道が混んでて。

女の人：だから昨日電車で来てって言ったのに。

男の人：そんなこと言ったって、バスのほうが早いと思ったんだ。

女の人：電車の方が確かでしょう。

男の人：そうだね。これからは電車にするよ。

【質問】女の人の怒っている理由は何ですか。

　　　(1) 電車が遅れたから

　　　(2) 男の人が電車で来たから

　　　(3) 男の人が昨日の約束通りにバスで来たから

　　　(4) 男の人がバスで来たから

二、仕事

A：すみません、お待たせいたました。

B：いや、気にしないでください。私の方が約束の時間より10分も早く来ていたんですから。まだ約束の10時にはなっていませんよ。

A：はい、ありがとうございます。それでは、ご案内いたします。どうぞ、こちらへ。

【質問】今何時ですか。

(1) 10時10分です。

(2) まだ10時になっていません。

(3) 10時10分まえです。

(4) 今何時か気にしていません。

三、部長に叱られた

部長が怒った顔で部下の高橋さんを呼んだ。

部長：おい、高橋、ちょっと。

高橋：はい。部長、何か。

部長：ちょっと君が作ったこのプレゼン用のPPTを見てよ。お前さあ、これ、あり得ないだろう。

高橋：これ、だめですか。

部長：PPTの作り方や、プレゼンのコツぐらいは入社した時、ちゃんと先輩からきいただろう。

高橋：はい、おそわりました。

部長：だったら、せめてこの誤字や脱字はないように。

高橋：はぁ。すみませんでした。

【質問】部長はなぜ怒ったのですか。

(1) 高橋さんの作ったプレゼン用のPPTはありません。

(2) 高橋さんの作ったプレゼン用のPPTは誤字や脱字があるからです。

(3) 高橋さんは入社のとき、PPTの作り方は先輩から習いませんでした。

(4) 高橋さんはあり得ないプレゼンテーションをしたから。

四、新入社員の悩み

同じ大学の友達の話。

敏志：徹、どう？入社して、もうそろそろ半年になるのだけど。仕事はうまくいってる？

徹　：仕事はうまくいってるが、人間関係がね…。

敏志：人間関係がどうしたって？うまくいってないの。

徹　：それがね…おれ、アルコールが一滴も飲めないのはお前も知っているだろう。

敏志：うん、そうだよな。で、よく会社で飲まされるの？

徹　：うん。入社前からある程度覚悟したんだけど、いざ入社してみると、上司が毎晩のように飲みに行くんだ。ほかの新入社員は楽しそうについて行くけど、俺はだめなんだ。もちろん、歓迎会やお客さんの接待などは頑張って行ってたんだ。そしたら「微妙」だとかいわれちゃってさ。

敏志：ふ～ん、そうか。大変だなあ。

徹　：もうすぐ新年会や社員旅行のシーズンになるけど、ほんとうにあの飲み会だけは弱いんなんだよ。おれ、仕事はちゃんとやってるし、欠席もしてないし。最低限のおつき合いはやっているつもりなんだ。でも人間関係がうまくいっているとは思えなくて。あ～あ、おれ、どうしたらいいんだろうか。

【質問】徹さんの悩みは何ですか。

(1) お酒が飲めないことです。
(2) 上司が毎晩飲みに行くことです。
(3) もうすぐ新入社員の旅行があることです。
(4) 同僚から微妙だといわれたことです。

五、先生の返信

拝復：

　智子さん。メールを読みました。「クラスでは友達もいなく、まるで孤立させられているようだ」というあなたの今の状況をよく分かりました。でも、智子さん、いいですか、世の中に悩みのない人はどこにもいません。クラスメートも、お友達も、ご両親も、先生もみんな、それぞれ悩み1つや2つを持っているものなのです。だから「すっごく悩んでいる」というのは、決して智子さん1人だけではありません。でも、悩みがあったらどうするかというと、一昔前なら、宗教絡みで偉い先生とかに相談したかもしれませんね。ところが今は、インタネットという媒体があり、今みたいにして先生や友達に相談すれば、ほとんどの悩みは解決できるかもしれません。悩みなんて誰かに聞いてもらえば、半分以上解決したようなものです。答えはすでに自分で出していることが多いと思うのです。智子さんもきっとそうでしょう。友達を作りたいのであれば、自分から進んで他人のために何かをしてあげるというのはどうでしょう。そうすれば、相手の人はきっと智子さんの気持ちがわかるようになると思います。集団に溶け込むためには最初はちょっと勇気が必要でしょうね。でも、一度でもうまくいけば、自信になります。あとはあせらないで、やっていきましょう。今しばらく辛抱してみてください。

　では、頑張ってください。

中村先生
2009年4月9日

【質問】先生は智子さんにどんなことを勧めましたか。
　　　(1) 宗教絡みの偉い先生に相談する。
　　　(2) 自分で答えを出しなさい。
　　　(3) インターネットという媒体に溶け込んください。
　　　(4) 友達に何かをしてあげる。

第十五課　議　論

一、一番安いのはどれ？

A：飛行機は早いけど高い、電車は安いけど時間がかかる。どっちがいいかな？

B：飛行機の方がいいんじゃないかな？早く着けばそれだけ遊ぶ時間がとれるから。

A：でもなぁ。やっぱり高いよ。

B：うん、でも、早期割引で早めにチケットを取ればそんなに高くないよ。

A：へー、いくらくらい？

B：普通だと2万円だけど、早期割引で1万2千円。

A：それはいいね。じゃあ飛行機にしようか？

B：うん、それじゃあ明日予約しておくよ。

【質問】2人はどんなことにしましたか。

(1) 3万円の飛行機で行く。

(2) 電車で行く。

(3) 早期割引の飛行機で行く。

(4) 安い電車で行く。

二、相談

A：田中さん、明日子供の参観日なんですよ。シフト変わっていただけませんか？

B：何時からのシフトですか？

A：4時からなんですけど。

B：そう？いいですよ。では、金曜日の私のシフトと変えましょう。

A：ありがとうございます。それではよろしくお願いします。私の方から店長に話しておきますね。

【質問】田中さんはいつ出勤することになりましたか。

(1) 子供の参観日ではない日に出勤する。

(2) 明日の4時に出勤する。

(3) 金曜日に出勤する。

(4) シフト通りに出勤する。

三、コミュニケーション

A：この動物は日本語でなんと言うんですか？

B：カエルです。

A：漢字では、どう書くんですか？

B：「蛙(かえる)」です。

A：すみません。もう一度書いていただけますか？

B：「蛙(かえる)」です。

A：ああ、知っています。「古池や 蛙(かわず)とびこむ 水の音」という俳句。

B：よく知っていますね。でもこの俳句では「蛙」は「かわず」と読むんですよ。昔の読み方です。

A：なるほどー。

【質問】「蛙」は俳句の中でどう読みますか。
(1)「かえる」です。
(2)「かわず」です。
(3)「かんじ」です。
(4)「どうぶつ」です。

四、言葉の意味

男の人：「ニート」という言葉、ご存じですか。

女の人：いいえ、どういう意味ですか。

男の人：それは「Not in Education, Employment or Training」の頭文字を取ったもので、学校に行っているわけではなく、仕事に就かず、職業訓練にも参加しない若者を指すのだそうです。NEETは普通15歳～34歳までの若者で、日本では約63万人もいると言われています。

女の人：ふ～ん、そういうことですか。

男の人：専門家の話では、原因は大きくわけて2つあります。NEETは、大人の責任だと。今は昔と違い、親が裕福になり、子供がふらふらしていても住む所や食べるのに困らないから働かないで怠けているのだと。もう1つはNEETは、働かないのではなく、働けないのだと。学生時代、就職のためと頑張って勉強したり、資格を取得したりしたのに、いざ就職しようとすると、内定がもらえないという現実に直面しているのだと。

女の人：最近、不況の影響で、新卒採用を控える企業が以前より多くなりましたものね。

男の人：つまり、自分は何者なのだろう、自分には特別な才能もなく社会に必要ないのではないか、働くということはどういうことなのかなどと考えてしまい、その結果、働くことの意味を見出せなくなり、NEETになっていくのだそうです。

第十五課 議　論

【質問】「NEET」になった原因についてどう言っているのですか。

(1) 日本では15歳～34歳までの若者が多いため、「ニート」になっている人が多いためです。

(2) 両親は働かせないためです。

(3) 若者は働くことに意味を見だせなくなったためです。

(4) 若者は働きたくないためです。

第十六課　就職と面接

一、面接際の注意事項

　　学生が面接の時にどんなことに注意が必要かについて先生に尋ねています。

学生：先生、来週の月曜日に、ジャパン・カンパニーという会社の就職面接があります。もういまからどきどきしているのです。どんなことに注意しなけばならないのでしょうか。はじめての面接なので、ちょっと不安です。

先生：面接というのは、企業側は面接者に対して、コミュニケーションをとりながら、応募者の性格や能力や考え方などを見る試験です。面接では積極的に受け答えをし、明るく爽やかに面接官とコミュニケーションをとるのが一番重要です。外国人として、面接中に日本語を間違えたり、日本語でうまく説明できなかったりする場合があります。その場合は緊張せずに、ボディーランゲージを使ったり、文字や絵を書いたりしてもかまいません。どうしても通じない場合、面接官の許可をもらい、隣で通訳を担当しているスタッフに助けてもらってもいいのですよ。

　　ただし、面接官に積極なイメージを与えるために、なるべく自分の力でコミュニケーションを取ってください。黙ってしまったり、緊張で震えたりするのも禁物です。緊張しやすい人は、緊張しない方法を自分で探してみてください。緊張で普段の力が発揮できないというのも自分の責任です。

学生：はい、よくわかりました。どうもありがとうございました。

【質問】面接のときどんなことが一番重要なのでしょうか。

(1) 絵をかくことです。
(2) ボディーランゲージを使うことです。
(3) 隣にいるスタッフに助けてもらうことです。
(4) 積極的に受け答えをし、明るく爽やかに面接官とコミュニケーションをとることです。

二、集団面接

学生：先生、集団面接というのはどういうことですか。

先生：ああ、それは応募者数人と企業側の担当者数人が一緒に行う面接のことです。面接官からの質問に1人ずつ答えていきます。個人面接と違って、面接官は応募者同士を比較でき、評価しやすいのです。自己アピール、積極性、協調性などが見られます。この場合、個性のある回答は重要なポイントです。注意してもらいたいのは質問に答えるとき、質問した面接官だけに向かって話すのではなく、面接官全員に向って話すように心掛けてください。またほかの応募者が質問されているときでも、謙虚な態度でよく聞いていてください。

学生：ふ～ん。個人面接の場合とちょっと違いますね。はい、よくわかりました。どうもありがとうございました。

先生：頑張ってください。

【質問】個人面接と集団面接とはどう違いますか。

(1) 自己アピールができるのです。
(2) 個性のある答えができるのです。
(3) 面接官にとって応募者の比較ができ、評価しやすいのです。
(4) 謙虚にしゃべりやすいのです。

三、面接前の準備

学生：先生、面接の前にどんな準備をしておいたほうがいいでしょうか。

先生：そうですね。企業の性質によって、その準備もいろいろあると思いますが、日本人の大学生の就職活動では、企業情報の収集と研究が一番重要だと言われています。多くの企業は会社の関連情報をホームページに掲載していて、しかも、定期的に更新されていますので、面接を受ける前に必ず、企業情報を調べておいてください。

学生：企業情報というと？

先生：会社名、支店名、所在地、資本金、規模、沿革、経営方針、組織構成、業務内容、製品情報などが含まれています。少なくとも、これらの情報を読んでみて、これから面接を受ける会社はどんなことをしているのか、どんな特徴があるのか、会社のビジョンなど、頭の中に入れてください。

学生：はぁ、わかりました。

【質問】先生の言っている企業情報の内容にないものはどれですか。

  (1) 会社名と資本金

  (2) 支店名と所在地

  (3) 経営方針と組織構成

  (4) 製品情報と社員人数

四、日系企業が望む人材

後輩：先輩、来週から日系企業の面接がいくつかあるのですが、日系企業はどうのような人材を望んでいるのでしょうか。

先輩：ああ、もう就職のシーズンか。時の経つのは速いもんだ。僕が就職活動したのは、ついこの間のことのようだ。日系企業の望む人材か。そうだね。まずは、挨拶が出来る人だね。日本では、挨拶をすることがとて

も大切だからね。これはサービス業だけではなく、どの企業も、学校や、家庭でも、どこへ行っても挨拶から始まるんだよ。場所、相手によって、挨拶用語もそれぞれ違うので、その場にふさわしい挨拶をすることが重要だね。面接でもそれは同じ。礼儀正しく挨拶から始めよう。

後輩：はい、わかりました。挨拶がとても大事なのですね。

【質問】日本ではどんな時に挨拶をするのですか。

(1) 学校にいる時
(2) 会社にいる時
(3) 家庭にいる時
(4) どこへ行っても挨拶をする。

五、面接のマナー

後輩：先輩、面接の時のマナーとして、どんなことに気をつけなければならないのでしょうか。

先輩：そうですね。まずは身だしなみを整えるのは合格のための第一歩です。男性、女性ともスーツ着用が基本です。男性は必ずネクタイを締めてください。カラーリング（髪染め）は禁止です。男性は短くて清潔感のある髪型がいいです。新卒の場合は一切アクセサリーを付けないでください。面接の時には香水も必要はありません。女性はマニキュアをしないほうがいいでしょう。

後輩：はい、いろいろ気をつけなければなりませんね。それから、先輩、持ち物として、何を持っていったらいいのでしょうか。

先輩：そうですね。会社案内。事前に配布された場合はそれを持っていったらいいですよ。それから、エントリーシートと履歴書も必ず忘れずに持っていくこと。あとは、メモ帳と筆記用具。それぐらいでしょうか。

後輩：今日はいろいろと教えていただきありがとうございました。

先輩：いいえ、またいつでもどうぞ。

【質問】面接に持っていくものは何と何ですか。
(1) 香水とマニキュア
(2) 履歴書
(3) 会社案内、履歴書、メモ帳とペン
(4) メモ帳だけ

参考答案

第一課　耳慣らし練習
　　　　　（解答略）
第二課　挨拶と自己PR
　　　　　(1)1　(2)4　(3)4　(4)4　(5)4　(6)3　(7)4　(8)2
第三課　日常生活
　　　　　(1)2　(2)1　(3)1　(4)2　(5)3
第四課　学校生活
　　　　　(1)3　(2)3　(3)3　(4)3　(5)1　(6)2
第五課　料理
　　　　　(1)2　(2)3　(3)4　(4)4　(5)1
第六課　スポーツ
　　　　　(1)3　(2)3　(3)1　(4)3　(5)3
第七課　部活動
　　　　　(1)1　(2)2　(3)2　(4)1
第八課　病院・健康
　　　　　(1)3　(2)4　(3)4　(4)4　(5)2
第九課　交通・道案内
　　　　　(1)4　(2)3　(3)4　(4)2　(5)3
第十課　電話
　　　　　(1)2　(2)1　(3)2　(4)2
第十一課　依頼
　　　　　(1)2　(2)1
第十二課　仕事
　　　　　(1)2　(2)4　(3)4　(4)2　(5)3
第十三課　住宅
　　　　　(1)1　(2)4　(3)4　(4)4
第十四課　人間関係
　　　　　(1)4　(2)2　(3)2　(4)1　(5)4
第十五課　議論
　　　　　(1)3　(2)3　(3)2　(4)3
第十六課　就職と面接
　　　　　(1)4　(2)3　(3)4　(4)4　(5)3

参 考 文 献

『日本語テスト問題集』田中望監修、清地恵美子など編著（日本）凡人社 1992年
《标准日本语新版（上、下册）》唐磊、甲斐睦朗等编著 人民教育出版社 2006年
《日语听解教程（第二册）》陆留弟主编 上海外语教育出版社 2008年
《现代使用日语》（提高篇1、2）张威主编 高等教育出版社 2007年
『就職面接対策セミナー』北京日华材创技术服务有限公司编 2009年

北京市高等教育自学考试课程
考试大纲

北京市高等教育自学考试课程考试大纲

课程名称：日语视听说　　**课程代码：05819**　　2011年6月版

第一部分　课程性质与设置目的

一、课程性质与特点

本课程是北京市高等教育自学考试日语专业（基础科）（专科）中的非笔试课程，是培养学生日语中级阶段听力能力的一门课程。通过本阶段的学习，能够使掌握一定日语知识、具有《初级日语（一）》、《初级日语（二）》课程水平的学生在以往学习的基础上，通过听力教材中语法现象、词汇及关于日本知识的学习，了解日本文化的特点和现代日语表达方式，为进一步提高日语听力水平打下坚实的基础。

二、课程设置的目的与要求

本课程的教学目标是培养学习者综合运用日语的能力，使学习者在已经具备的语言知识（语音、语法、文字、词汇等）和运用语言技能（听、说、读、写等）的基础上，进一步充实单词数量，学习新的表达方式。

本课程要求学生在掌握《初级日语（一）》、《初级日语（二）》课程所学单词、句型及句子的基本表达方式的基础上，掌握本教材所出现的日本现代口语的表达方式：在词汇方面，以每课使用的单词为主，掌握每课所出现的常用语句；在语法方面，掌握句子的基本形式，掌握所学教材中出现的语法和句型；语言运用方面，掌握本教材出现的交际用语，能用所学的语言知识和交际用语表达自己的思想，能理解听力课文内容并围绕补

充词汇展开讨论。

三、与其他课程的关系

本课程是专业必考的课程,也是培养学习者听、说、读、写、译技能并进一步提高语言综合运用能力的重要过程。同时,本课程在内容上融入了中日两国的文化内涵,特别是对日本社会生活做了详细的介绍,是学习者了解日本社会、生活习惯及文化背景的重要学习阶段。

第二部分 课程内容与考核目标

本课程内以《日语视听说》(张婉茹编)为教材,主要讲授以下内容:(1)听力中难以判断的数字、人名及地名等外来语;(2)自我介绍及自我展示时应使用的句型和需注意的问题;(3)日常生活中与店员如何交流及与朋友之间的交流;(4)学校生活中常用的表达方式;(5)料理的表达方式;(6)各种体育运动的说法;(7)学校业余活动及学生俱乐部的活动介绍;(8)各种疾病说法和症状的表达;(9)出行和问路的表达方式;(10)如何使用正确的句型进行电话沟通;(11)如何使用书面体进行拜托;(12)在工作中如何进行巧妙沟通;(13)各种关于住宅的说法;(14)人际关系的沟通表达;(15)运用正确的语言表达某一事物;(16)就职和面试时使用的句型及表达。此外,各种助词、接续词、语气词也是本课程学习的重要内容,考核将围绕以上内容进行。

第一章 数字和外来语词汇的辨听

一、课程内容

1. 数字的辨听及书写
2. 新闻中出现的片假名、地名及人名的正确书写
3. 日本地名及人名的汉字的听辨
4. 表达方位数字的书写

二、学习目的和要求

本章(教材第1课)为听力辨听阶段,在这一课中选取日本近期的新闻作为素

材。通过本章的学习，可使学习者在进入教材之前，在日语的听音分辨方面对日语的听力、语速有初步的了解。本章要求学习者正确掌握各种音节的发音并准确写出各种音节，区分清音、浊音和长短音，领会日语的音拍和声调的特点，以基本正确的语音语调写出教材中指定的单词或数字及外来语单词。在文字书写方面，要求规范书写平假名和片假名单词，规范书写日本汉字，注意日本数字的书写方法。

三、考核知识点

1．正确写出所听新闻中出现的数字

2．正确写出外国地名、人名的片假名

3．正确写出所听新闻中出现的日本常见地名和人名的汉字（如：东京、麻生等）

4．规范书写片假名和日本汉字

四、考核要求

1．识记：(1)听辨各种音节；(2)正确书写各种音节、长音、拗音、促音。

2．理解：所听新闻的大致内容。

3．应用：(1)正确听、写出各种音节和单词；(2)规范书写平、片假名和日本汉字。

第二章 寒暄和自我介绍

一、课程内容

1．介绍自己和他人的表达形式

2．听懂对方介绍中的主要内容

二、学习目的和要求

学习本章（教材第2课），要求了解日语中最重要的交际方式—寒暄的特点，重点掌握介绍自己的句式"どこ(所属)のだれ(人物)"；同时，重点要掌握课文中出现人物的所属。另外，除了自我介绍之外学习者还要掌握如何介绍他人，能够听懂对方的所属或职业和爱好等。本课是通过自我介绍、介绍他人、介绍家人及他们的工作的形式来学习自我介绍的各种方

式及如何进行特点描述。在掌握判断句式的同时，还要掌握与"紹介"相关的表达形式和语言习惯、对家族成员的称呼等；也要学会如何写寒暄文和如何与邻居进行日常碰面时的寒暄。

三、考核知识点

1. 抓取介绍自己和他人的短文或会话中的主要内容
2. 如何抓住人物或动物的主要特征进行介绍
3. 从天气开始的最基本的寒暄

四、考核要求

1. 识记：(1)自我介绍时最基本判断句的句式；(2)如何介绍他人；(3)如何对人物或动物的基本特点进行描述；(4)自我介绍、寒暄、应答等场合的表达形式。

2. 理解：(1)自我推销时如何采用比较幽默的方式让别人记住自己；(2)如何谦逊地介绍自己。

3. 应用：(1)准确地听出对方自我介绍时所叙述的内容，正确掌握判断助动词；(2)运用正确、简单的方式介绍他人或事物时的表达方式；(3)正确运用与介绍、寒暄等场景相关的习惯表达方式。

第三章　日常生活中的各种表达

一、课程内容

1. 对将要购物品的描述和听懂店员回答中关于品质和价格的描述
2. 如何看菜单进行点菜，包括各种常见菜肴的日文名称
3. 送礼时对价格和物品用途的描述
4. 在课堂中常见的句型及如何和老师、同学进行沟通
5. 对正在制作的菜肴的制作方法的描述

二、学习目的和要求

学习本章（教材第3课、第4课、第5课），要求了解日常生活中各种场景的不同表达方式，了解在市场、学校等场合所使用的基本句式；掌握要想达到自己目的时如何与人进行沟通的方法。同时，要掌握课文中出现的对料理的名称及各种烹调方式进行叙述时所使用的专用词汇及专用动词（如：油を通す、

炒める、煮る、揚げる等）。本章还将学习在校园生活中碰到各种场合的表达方法。学习者在掌握市场购物、餐厅点菜和学校生活相关的表达方式时，还应掌握与其相关的表达形式和语言习惯。

三、考核知识点

1．听懂商品的价格

2．掌握菜肴制作方式的各种日语说法

3．听懂学校生活中的关于考试、各种课程及校内不同用途建筑的名称

四、考核要求

1．识记：(1)听懂商品的价格和各种烹调方式的名称；(2)听懂会话中点菜时所说菜肴的名称；(3)学校中各种场面描写的表达方式。

2．理解：(1)在店员说出自己不熟悉的商品名称时如何确认和反问的表达；(2)如何向老师提问和如何回答老师的问题；(3)如何在校内进行指路。

3．应用：(1)掌握与商店的店员、餐馆的服务员和朋友进行沟通所使用的句型；(2)正确运用所掌握的句型描述各种商品、菜肴及料理；(3)正确运用本章学习的各种句型与老师和朋友进行沟通。

第四章　体育运动和学校俱乐部活动

一、课程内容

1．足球的相关表达

2．棒球的相关表达

3．相扑的相关表达

4．乒乓球的相关表达

5．各种"サークル和部活"的相关表达

二、学习目的和要求

学习本章（教材第6课、第7课），要求了解体育运动项目的关联词汇和关联句型的表达。要求重点掌握观看体育比赛时表达自己感想的句式，并且通过对关联语句的学习掌握与该项运动有关的词汇和表达。

三、考核知识点

1．在短文和会话当中能够听懂与上述课程内容相关的表达和词汇

2．能够听懂学校中各种俱乐部活动的名称和具体内容

3．学会常见体育运动项目的名称和最基本的规则(如：篮球、排球，游泳等)

四、考核要求

1．识记：(1)常见体育运动项目的名称；(2)学校中常见俱乐部的名称；(3)关于运动项目基本规则的说法；(4)学校学生社员活动的基本规则和活动时间。

2．理解：(1)日本学校社团活动和欧美各国活动之区别；(2)参加各种运动项目时快乐心情的表达。

3．应用：(1)运用关联词语中所给的词汇试着说出课文所给出的项目之外的运动项目名称和主要特征；(2)运用关联词汇中所给其他乐器的名称谈谈自己的爱好。

第五章　医院和健康

一、课程内容

1．常见疾病的名称

2．身体状况的描述

3．医院中各主要科室的名称和常见药品的名称

二、学习目的和要求

学习本章(教材第8课)，要求了解日语中关于身体状况和健康的主要表达方式。人的身体条件不同，疾病的名称复杂多样，这也是日语学习的一个重点。学习本章能够听懂常见疾病的名称，重点掌握如何向医生或其他人描述自己的身体状况。

三、考核知识点

1．如何向医生或周围的人叙述自己当前的身体状况

2．听懂会话或短文当中出现的疾病、药品和所在医院科室的名称及医生所采取的措施。

四、考核要求

1. 识记：(1)常见疾病的日语说法；(2)常见药品的日语说法；(3)当今流行的健康方法的名称(如足疗、减肥和排毒等)。

2. 理解：(1)课文中所给关联语句中人体器官的名称；(2)身体不舒服时如何准确地向大夫或周围人进行表述。

3. 应用：(1)正确运用准确的日语表达自己的身体状况；(2)能够向身体有恙的人提出正确的建议。

第六章　交通工具和指路

一、课程内容

1. 各种交通工具的名称

2. 表示方位的词汇和表达方式

3. 助词："を"放在自动词前面表示动作经过场所的用法

二、学习目的和要求

学习本章（教材第9课），要求掌握日语中表示方位和位置关系的表达，如："信号を左に曲がる、〜番バスに乗り換える"等。本章将通过电车的换乘、指路等课文的学习使学习者掌握日语中这部分内容的表达方式。此外，应学会各种道路交通特殊句型的说法。

三、考核知识点

1. 问路的各种句型

2. 能够听懂短文或会话中问路人想去的地方

3. 可以用日语为别人指路

四、考核要求

1. 识记：(1)关于交通工具的词汇；(2)关于方位的词汇；(3)为别人指路时常用的日文表达方式。

2. 理解：(1)句型"〜どういけばいいでしょうか、〜を右(左)に曲がる、〜で乗り換える"等句型的用法；(2)道路指示相关词的说法，如："突き当り、角、三つ目のバス停、看板"等。

3. 应用：(1)听懂在会话和短文中与道路和交通相关的习惯说法；(2)

学会用日语为别人指路；(3)正确使用学过的向别人问路并有礼貌地表示感谢的句型。

第七章　电话的表达方式书面拜托

一、课程内容

1. 给对方打电话时"自报家门"的句式

2. 当对方要找的人不在时应使用的句型

3. "折り返しお電話"、"いま、よろしいでしょうか"、"ただいま席を外しております、用件を承ります"等电话用语的使用

4. 使用书面拜托事情时的表达

二、学习目的和要求

学习本章（教材第10课），要求学会日语接打电话时的主要表达方式；掌握表示询问、拜托和解释原因的说法。另外，还要求掌握拿起电话和准备放下电话时应该如何得体地进行表达的句型。

三、考核知识点

1. 接打电话时所使用的固定句型

2. 当替别人接电话时如何请对方留言

3. 当电话接通时但电话方与接电话方应使用的表达

4. 当即将挂断电话时表示告别的惯用句式

四、考核要求

1. 掌握：(1) "もしもし、わたくし～ですが"、"いま、よろしいでしょうか"；(2) "～さん、いま、いらっしゃいますか"；"～さんいま留守しております"、"～さんただいま席を外しております"(3) "では、失礼いたします、御免くださいませ"的意义和用法。

2. 理解：(1)当接电话时谈到时间、地点和数字时，应该复述的习惯；(2)当被找人不在时如何转述电话内容的句试；(3)注意在打电话时敬语和谦语的区别使用。

3. 应用：(1)运用掌握正确的方法接打电话；(2)正确区分电话对方的身份，正确使用电话敬语；(3)正确使用"以上、取り急ぎご依頼まで"等句型和书面拜托函开始的寒暄用语来完成短文或会话中的接续部分。

第八章　各种场合下的沟通

一、课程内容

1. "今、お時間よろしいでしょうか"

2. "すみませんが、～したいのですが"

3. 各种住宅的日语表达

4. 句型"今度新しく引っ越して来た～と申します"

9. 沟通时的说法和习惯

二、学习目的和要求

学习本章（教材第12课、第13课、第14课），要求了解在各种场合下沟通的技巧、意义和方法，了解和不同的对手进行沟通时各种句式的用法，掌握"～お時間よろしいでしょうか、～したいのですが"以及如何在租房子时和房东进行沟通，第14课出现的人际关系亦属于沟通内容中的一部分。学会向朋友、老师、同事进行倾诉是本课要求掌握的重点，要求学习者能掌握沟通时的说法和习惯用法。

三、考核知识点

1. 进行沟通时的惯用句型"今、お時間よろしいでしょうか"、"すみませんが、～したいのですが"、"今度新しく引っ越して来た～と申します"

2. 向别人进行倾诉时的语气

3. 能听懂短文或会话中所谈论话题的主要意思，说话者想要做什么。

4. 本课出现的各种句型

5. 拜托和租房时的习惯表达形式

四、考核要求

1. 识记：(1)拜托上司或年长的人时使用的句型；(2)寻找打工机会

时如何进行拜托；(3)句型："今度引っ越してきた～と申します"的意义和用法；(4)拜托时的习惯表达形式。

2．理解：(1)在沟通时如何针对不同的谈话对象进行致歉；(2)句型："すみません、お待たせいたしました～"、"ごめん"、"すみませんでした"等句型的意义；(4)沟通时的习惯表达形式。

3．应用：(1)正确掌握沟通和拜托时的句型；(2)接续词："利用所学句型区分不同身份的沟通对象进行正确地沟通；(3)正确使用句型："今、お時間よろしいでしょうか、すみませんが、～したいのですが" "今度新しく引っ越して来た～と申します"（4)正确使用沟通和拜托时的习惯表达形式。

第九章 议论和对词语的解释

一、课程内容

1．句型："～どっちがいいかな"

2．句型："明日子供の参観日ですよ"

3．句型："～は日本語でなんというですか"

4．句型："～NEETっていう言葉ご存じですか"

二、学习目的和要求

学习本章（教材第15课），要求了解如何与别人进行"やりとり"。"やりとり"是日语中很重要的一种行为，本课学习如何接续对方话题并将谈话顺利进行的方式，应学会听对方的前句话就可以揣摩出对方到底想说 什么。比如："でもなぁ、やっぱり高い"（明天应该工作的人说）"明日、子供の参観日なんですけど"这种情况下，如果是日本人的话一定就会读懂对方的心思的。本课主要学习揣摩这种言外之意。

三、考核知识点

1．在解释某一语言现名像的对话或短文当中寻找对该语言解释的最准确的答案

2．在对话或短文当中寻找说话人的真实想法

3．解释某一事物或语言现象的句型："それは～のことです"

四、考核要求

1．识记：(1)与人进行"やりとり"时的主要句型"〜どっちがいいかな"、"明日子供の参観日ですよ"、"〜は日本語でなんというですか"、"〜NEETっていう言葉ご存じですか"等。

2．理解：(1)潜藏在日语语言背后的意思；(2)领会日语中的"言わなくても分かる"的意义和用法；

3．应用：(1)学会使用在拜托别人时不使用直白的拜托方式而是用日语的；"言い回し"；(2)正确捕捉对方对某一词语或社会现象进行解释时的准确意思。

第十章 就职和面试

一、课程内容

1．面试时需要注意的事项

2．集团面试和个人面试的不同之处

3．面试前应该做的准备工作

4．日企需要什么样的人才

二、学习目的和要求

学习本章（教材第16课），通过对本课的听解要求了解在就职和面试时应注意的事项，学会求职面试时应掌握的技巧。面试对当今每一个即将走向社会的年轻人都很重要，通过本课学习的面试时的注意事项和面试前的准备等短文和会话，希望对即将参加面试的同学有所帮助，其中"明るく，爽やかに面接官とコミュニケーションをとる"、"謙虚な態度で聞く"、"日本ではどこへ行っても挨拶から始まる"等知识点是本课需要掌握的重点。

三、考核知识点

1．在关于面试和求职的短文或对话中找出面试时最重要的注意事项

2．面试前的准备

3．日企需要什么样的人才

4．本课使用的在面试前需要查的资料

四、考核要求

1. 识记：(1)面试的技巧；(2)面试前的准备工作；(3)集团面试与个人面试的区别。

2. 理解：在日本"挨拶"为什么十分重要

3. 应用：应用所学的关于面试的知识学会在面试时应该注意的礼貌和礼仪

第三部分 有关说明与实施要求

一、考核的能力层次表述

本大纲在考核目标中，按照"识记"、"理解"、"应用"三个能力层次规定其应达到的能力层次要求，各能力层次为递进等级关系，后者必须建立在前者的基础上，其具体含义是：

识记：能知道有关的名词、概念、知识的含义，并能正确认识和表述，是低层次的要求。

理解：在识记的基础上，能全面把握基本概念、基本原理和基本方法，能掌握有关概念、原理、方法的区别与联系，是较高层次的要求。

应用：在理解的基础上，能运用基本概念、基本原理、基本方法联系学过的多个知识点分析和解决有关的理论问题和实际问题，是最高层次的要求。

二、指定教材

《日语视听说》，张婉茹编，北京大学出版社，2009年版。

三、自学方法指导

1. 在开始阅读指定教材某一章之前，先翻阅大纲中有关这一章的考核知识点及对知识点的能力层次要求和考核目标，以便在阅读教材时做到心中有数，有的放矢。

2. 阅读教材时，要逐段细读，逐句推敲，集中精力，吃透每一个知识点，对基本概念必须深刻理解，对基本理论必须彻底弄清，对基本方法必须牢固掌握。

3．在自学过程中，既要思考问题，也要做好阅读笔记，把教材中的基本概念、原理、方法等加以整理，这可从中加深对问题的认知、理解和记忆，以利于突出重点，并涵盖整个内容，可以不断提高自学能力。

4．完成书后作业和适当的辅导练习是理解、消化和巩固所学知识，培养分析问题、解决问题能力的重要环节。在做练习之前，应认真阅读教材，按考核目标所要求的不同层次，掌握教材内容，在练习过程中对所学知识进行合理的回顾与发挥，注重理论联系实际和具体问题具体分析，解题时应注意培养逻辑性，针对问题围绕相关知识点进行层次（步骤）分明的论述或推导，明确各层次（步骤）间的逻辑关系。

四、对社会助学的要求

1．应熟知考试大纲对课程提出的总要求和各章的知识点。

2．应掌握各知识点要求达到的能力层次，并深刻理解对各知识点的考核目标。

3．辅导时，应以考试大纲为依据，指定的教材为基础，不要随意增删内容，以免与大纲脱节。

4．辅导时，应对学习方法进行指导，宜提倡"认真阅读教材，刻苦钻研教材，主动争取帮助，依靠自己学通"的方法。

5．辅导时，要注意突出重点，对考生提出的问题，不要有问即答，要积极启发引导。

6．注意对应考者能力的培养，特别是自学能力的培养，要引导考生逐步学会独立学习，在自学过程中善于提出问题，分析问题，做出判断，解决问题。

7．要使考生了解试题的难易与能力层次高低两者不完全是一回事，在各个能力层次中会存在着不同难度的试题。

8．助学学时：本课程总共8学分，建议总课时为128学时，其中助学课时分配如下：

章 次	课 程 内 容	学 时
第一章	数字和外来语词汇的辨听（含观看教学影像4学时）	12
第二章	寒暄和自我介绍（含观看教学影像4学时）	12
第三章	日常生活中的各种表达（含观看教学影像4学时）	12
第四章	体育运动和学校俱乐部活动（含观看教学影像4学时）	12
第五章	医院和健康（含观看教学影像4学时）	12
第六章	交通工具和指路（含观看教学影像4学时）	12
第七章	电话的表达方式书面拜托（含观看教学影像4学时）	12
第八章	各种场合下的沟通（含观看教学影像4学时）	12
第九章	议论和对词语的解释（含观看教学影像4学时）	12
第十章	就职和面试（含观看教学影像4学时）	12
复习		8
合　　计		128

五、关于命题考试的若干规定

1．本大纲各章所提到的内容和考核目标都是考试内容。试题覆盖到章，适当突出重点。

2．试卷中对不同能力层次的试题比例大致是："识记"为30%、"理解"为50%、"应用"为20%。

3．合理安排试卷的难度结构，与所学教材有关的内容可占70～80%，目的在于巩固所学内容和考察学生掌握的程度；教材以外的内容可占20～30%，选择与教材程度大致相当、活用教材语法的试题。试卷中容易题约占20%，较容易题约占30%，中等难度题约占30%，较难题约占20%。

4．试题类型一般分为：听解题；看视频答题。

5．考试由主考学校统一组织，按优秀、良好、及格和不及格四级制记分。考试时间为60分钟。

6．考试方式：考场需配备多媒体及影音播放设备。考试开始之前分发试题纸和答题纸。考生记入答题纸的内容为有效评分对象。考试内容分为两部分，第一部分为听解题，题型为选择题。考生当场听录音，根据问题选择答案，并

将答案写入答题纸。第二部分为看视频答题，题型为简答题。考生当场看一段视频，根据视频内容回答问题，并将答案写入答题纸。考试时，只允许带笔、试题纸和答题纸。考试结束后，试题纸和答题纸一律上交。

六、题型示例（样题）

（一）听解题（25题）

正しい答えを一つ選んでください。答えを解答欄に書いてください。

（1）ホテルの予約はどうなっていますか。

男：来週の旅行だけど、ホテルの予約はどうなってるの？してくれた？

女：うん。青山くんに予約するように言っておいたから大丈夫。

男：えっ、青山くんに？悪い人だなぁ。

女：なによ。あなただって私に予約させようとしたじゃない。

質問：ホテルの予約はどうなっていますか。

1．女の人が予約しました。

2．女の人が青山くんに予約させました。

3．女の人が青山くんに予約させられました。

4．男の人が女の人に予約させました。

（二）看视频答题（10题）

（1）短いビデオを2回見ます。（ビデオの内容は「しずくさんの一日」です。）見てから、日本語で次の質問に答えてください。

1．しずくさんがまだ寝ている時にお姉さんは何をしていますか。

2．しずくさんのお母さんは家にいますか。

3．しずくさんが朝ご飯を食べている時に、お姉さんは何をしていますか。

4．しずくさんが家を出た時に、お姉さんに頼まれたことは何ですか。

5．しずくさんはどの駅で電車に乗りましたか。

北京大学出版社日语教材

高等教育自学考试日语专业系列教材

初级日语（上、下）/ 彭广陆 主编
中级日语（上、下）/ 彭广陆 主编
高级日语（上、下）/ 彭广陆 主编
日语视听说 / 张婉茹 编著
日语会话 / 孙建军 编著
日本文学选读 / 于荣胜 编著
日语写作 / 金勋 编著
日语笔译 / 翁家慧 马小兵 编著
日语口译 / 丁莉 编著
日语语法教程（上、下）/ 刘振泉 编著
日本概况 / 刘琳琳 编著

21世纪日本语系列教材

综合日语（第一册）/ 彭广陆等
综合日语（第一册练习册）/ 何琳等
综合日语（第一册教师用书）/ 彭广陆等
综合日语（第二册）/ 冷丽敏等
综合日语（第二册练习册）/ 何琳等
综合日语（第二册教师用书）/ 彭广陆等
综合日语（第三册）/ 彭广陆等
综合日语（第三册练习册）/ 何琳等
综合日语（第三册教师用书）/ 彭广陆等
综合日语（第四册）/ 彭广陆等
综合日语（第四册练习册）/ 何琳等
综合日语（第四册教师用书）/ 彭广陆等
日语高年级教程（上册）/ 谢为集等
日语高年级教程（下册）/ 谢为集等

初级日语（第一册）/ 赵华敏等
初级日语（第二册）/ 赵华敏等
初级日语（教与学）/ 赵华敏等
中级日语（第一册）/ 赵华敏等
中级日语（第二册）/ 赵华敏等
中级日语（教与学）/ 赵华敏等
挑战日本语初级1 / 日本语教育教材开发委员会
挑战日本语初级2 / 日本语教育教材开发委员会
挑战日本语写作练习册初级2 / 日本语教育教材开发委员会
挑战日本语初中级 / 日本语教育教材开发委员会
挑战日本语练习册.初中级 / 日本语教育教材开发委员会
挑战日本语中级 / 日本语教育教材开发委员会
高年级汉译日教程 / 张建华等
日本国概况 / 姜春枝
日语古典语法 / 铁军
日语语法新编 / 刘振泉
日本文学 / 刘利国
日本现代文学选读（上卷）/ 于荣胜
日本现代文学选读（下卷）/ 于荣胜
日语写作（修订版）/ 胡传乃
日文报刊文章选读 / 刘振泉

日本的托福——日本语能力测试系列

日语国际水平考试一级出题标准 / 王彦花等
日语国际水平考试二级出题标准 / 王彦花等

外语编辑部电话：010-62767347
市场营销部电话：010-62750672 010-62765014
邮购部电话：010-62752015
Email：zbing@pup.pku.edu.cn
lanting371@163.com